最新法律文件解读丛书

民事法律文件解读

MINSHI FALÜ WENJIAN JIEDU

人民法院出版社 编

总第227辑 2023.11

人民法院出版社

图书在版编目（CIP）数据

民事法律文件解读. 总第227辑 / 人民法院出版社编
. -- 北京 : 人民法院出版社, 2024.2
（最新法律文件解读丛书）
ISBN 978-7-5109-3982-2

Ⅰ. ①民… Ⅱ. ①人… Ⅲ. ①民法－法律解释－中国
②民事诉讼法－法律解释－中国 Ⅳ. ①D923.05
②D925.105

中国国家版本馆CIP数据核字(2024)第000814号

民事法律文件解读·总第227辑
人民法院出版社　编

责任编辑	丁丽娜
执行编辑	杨　洁
出版发行	人民法院出版社
地　　址	北京市东城区东交民巷27号　邮编　100745
电　　话	(010)67550562(责任编辑)　67550558(发行部查询) 65223677(读者服务部)
客服QQ	2092078039
网　　址	http://www.courtbook.com.cn
E - mail	courtbook@sina.com
印　　刷	三河市国英印务有限公司
经　　销	新华书店
开　　本	787毫米×1092毫米　1/16
字　　数	115千字
印　　张	8
版　　次	2024年2月第1版　　2024年2月第1次印刷
书　　号	ISBN 978-7-5109-3982-2
定　　价	28.00元

卷首语

公司是最重要的市场主体，公司法是社会主义市场经济制度的基础性法律。公司法的制定和修改，与我国社会主义市场经济体制的建立和完善密切相关，对于建立健全现代企业制度、促进社会主义市场经济持续健康发展发挥了重要作用。2023 年 12 月 29 日，第十四届全国人民代表大会常务委员会第七次会议修订通过《中华人民共和国公司法》，自 2024 年 7 月 1 日起施行。本辑收录了《中华人民共和国公司法》全文和《关于〈中华人民共和国公司法（修订草案）〉的说明》及全国人大常委会法工委负责人相关答记者问文章。

在“司法解释、司法指导性文件与解读”栏目，为帮助读者正确理解适用《最高人民法院关于适用〈中华人民共和国民法典〉合同编通则若干问题的解释》的相关规定，本辑专门约请了最高人民法院相关负责人就对合同条款的解释、合同订立中的第三人责任，预约合同的法律适用、违反强制性规定的合同效力、以物抵债协议的效力与履行、债权人的代位权和撤销权、抵销的溯及力问题、可得利益的计算、违约金的司法调整等问题进行了深入分析。此外，最高人民法院审判委员会于 2023 年 10 月 16 日通过了《最高人民法院关于修改〈最高人民法院关于知识产权法庭若干问题的规定〉的决定》（以下简称《决定》）。本辑收录了《决定》和根据《决定》修改后的《最高人民法院关于知识产权法庭若干问题的规定》。

在“新类型疑难案例选评”栏目，本辑收录了《张某诉陈某等人法定继承纠纷案》一文。该案的裁判为身份档案缺失情形下继父母子女关系如何认定的问题提供了借鉴思路和方向，具有典型意义。

最新法律文件解读丛书
编 辑 部

兰丽专 （010）67550626

杨晓燕 （010）67550508

杨 洁 （010）67550562

路建华 （010）67550660

赵杰琼 （010）67550656

投稿邮箱：

《刑事法律文件解读》 5184621@ qq. com

《民事法律文件解读》 1216921515@ qq. com

《商事法律文件解读》 shangshijiedu@ 126. com

《行政与执行法律文件解读》 1092123089@ qq. com

目录

法律、法律性文件与解读

司法解释、司法指导性文件与解读

指导案例、典型案例与解读

新类型疑难案例选评

法律、法律性文件与解读

中华人民共和国公司法

（1993年12月29日第八届全国人民代表大会常务委员会第五次会议通过　根据1999年12月25日第九届全国人民代表大会常务委员会第十三次会议《关于修改〈中华人民共和国公司法〉的决定》第一次修正　根据2004年8月28日第十届全国人民代表大会常务委员会第十一次会议《关于修改〈中华人民共和国公司法〉的决定》第二次修正　2005年10月27日第十届全国人民代表大会常务委员会第十八次会议第一次修订　根据2013年12月28日第十二届全国人民代表大会常务委员会第六次会议《关于修改〈中华人民共和国海洋环境保护法〉等七部法律的决定》第三次修正　根据2018年10月26日第十三届全国人民代表大会常务委员会第六次会议《关于修改〈中华人民共和国公司法〉的决定》第四次修正　2023年12月29日第十四届全国人民代表大会常务委员会第七次会议第二次修订）

目　　录

第一章　总　　则

第一条　为了规范公司的组织和行为，保护公司、股东、职工和债权人的合法权益，完善中国特色现代企业制度，弘扬企业家精神，维护社会经济秩序，促进社会主义市场经济的发展，根据宪法，制定本法。

第二条　本法所称公司，是指依照本法在中华人民共和国境内设立的有限责任公司和股份有限公司。

第三条　公司是企业法人，有独立的法人财产，享有法人财产权。公司以其全部财产对公司的债务承担责任。

公司的合法权益受法律保护，不受侵犯。

第四条　有限责任公司的股东以其认缴的出资额为限对公司承担责任；股份有限公司的股东以其认购的股份为限对公司承担责任。

公司股东对公司依法享有资产收益、参与重大决策和选择管理者等权利。

第五条　设立公司应当依法制定公司章程。公司章程对公司、股东、董事、监事、高级管理人员具有约束力。

第六条　公司应当有自己的名称。公司名称应当符合国家有关规定。

公司的名称权受法律保护。

第七条　依照本法设立的有限责任公司，应当在公司名称中标明有限责任公司或者有限公司字样。

依照本法设立的股份有限公司，应当在公司名称中标明股份有限公司或者股份公司字样。

第八条　公司以其主要办事机构所在地为住所。

第九条　公司的经营范围由公司章程规定。公司可以修改公司章程，变更经营范围。

公司的经营范围中属于法律、行政法规规定须经批准的项目，应当依法经过批准。

第十条　公司的法定代表人按照公司章程的规定，由代表公司执行公司事务的董事或者经理担任。

担任法定代表人的董事或者经理辞任的，视为同时辞去法定代表人。

法定代表人辞任的，公司应当在法定代表人辞任之日起三十日内确定新的法定代表人。

第十一条 法定代表人以公司名义从事的民事活动，其法律后果由公司承受。

公司章程或者股东会对法定代表人职权的限制，不得对抗善意相对人。

法定代表人因执行职务造成他人损害的，由公司承担民事责任。公司承担民事责任后，依照法律或者公司章程的规定，可以向有过错的法定代表人追偿。

第十二条 有限责任公司变更为股份有限公司，应当符合本法规定的股份有限公司的条件。股份有限公司变更为有限责任公司，应当符合本法规定的有限责任公司的条件。

有限责任公司变更为股份有限公司的，或者股份有限公司变更为有限责任公司的，公司变更前的债权、债务由变更后的公司承继。

第十三条 公司可以设立子公司。子公司具有法人资格，依法独立承担民事责任。

公司可以设立分公司。分公司不具有法人资格，其民事责任由公司承担。

第十四条 公司可以向其他企业投资。

法律规定公司不得成为对所投资企业的债务承担连带责任的出资人的，从其规定。

第十五条 公司向其他企业投资或者为他人提供担保，按照公司章程的规定，由董事会或者股东会决议；公司章程对投资或者担保的总额及单项投资或者担保的数额有限额规定的，不得超过规定的限额。

公司为公司股东或者实际控制人提供担保的，应当经股东会决议。

前款规定的股东或者受前款规定的实际控制人支配的股东，不得参加前款规定事项的表决。该项表决由出席会议的其他股东所持表决权的过半数通过。

第十六条 公司应当保护职工的合法权益，依法与职工签订劳动合同，参加社会保险，加强劳动保护，实现安全生产。

公司应当采用多种形式，加强公司职工的职业教育和岗位培训，提高职工素质。

第十七条 公司职工依照《中华人民共和国工会法》组织工会，开展工会活动，维护职工合法权益。公司应当为本公司工会提供必要的活动条件。公司工会代表职工就职工的劳动报酬、工作时间、休息休假、劳动安全卫生和保险福利等事项依法与公司签订集体合同。

公司依照宪法和有关法律的规定，建立健全以职工代表大会为基本形式的民主管理制度，通过职工代表大会或者其他形式，实行民主管理。

公司研究决定改制、解散、申请破产以及经营方面的重大问题、制定重要的规章制度时，应当听取公司工会的意见，并通过职工代表大会或者其他形式听取职工的意见和建议。

第十八条 在公司中，根据中国共产党章程的规定，设立中国共产党的组织，开展党的活动。公司应当为党组织的活动提供必要条件。

第十九条 公司从事经营活动，应当遵守法律法规，遵守社会公德、商业道德，诚实守信，接受政府和社会公众的监督。

第二十条 公司从事经营活动，应当充分考虑公司职工、消费者等利益相关者的利益以及生态环境保护等社会公共利益，承担社会责任。

国家鼓励公司参与社会公益活动，公布社会责任报告。

第二十一条 公司股东应当遵守法律、行政法规和公司章程，依法行使股东权利，不得滥用股东权利损害公司或者其他股东的利益。

公司股东滥用股东权利给公司或者其他股东造成损失的，应当承担赔偿责任。

第二十二条 公司的控股股东、实际控制人、董事、监事、高级管理人员不得利用关联关系损害公司利益。

违反前款规定，给公司造成损失的，应当承担赔偿责任。

第二十三条 公司股东滥用公司法人独立地位和股东有限责任，逃避债务，严重损害公司债权人利益的，应当对公司债务承担连带责任。

股东利用其控制的两个以上公司实施前款规定行为的，各公司应当对任一公司的债务承担连带责任。

只有一个股东的公司，股东不能证明公司财产独立于股东自己的财产的，应当对公司债务承担连带责任。

第二十四条 公司股东会、董事会、监事会召开会议和表决可以采用电子通信方式，公司章程另有规定的除外。

第二十五条 公司股东会、董事会的决议内容违反法律、行政法规的无效。

第二十六条 公司股东会、董事会的会议召集程序、表决方式违反法律、行政法规或者公司章程，或者决议内容违反公司章程的，股东自决议作出之日起六十日内，可以请求人民法院撤销。但是，股东会、董事会的会议召集程序或者表决方式仅有轻微瑕疵，对决议未产生实质影响的除外。

未被通知参加股东会会议的股东自知道或者应当知道股东会决议作出之日起六十日内，可以请求人民法院撤销；自决议作出之日起一年内没有行使撤销权的，撤销权消灭。

第二十七条 有下列情形之一的，公司股东会、董事会的决议不成立：

（一）未召开股东会、董事会会议作出决议；

（二）股东会、董事会会议未对决议事项进行表决；

（三）出席会议的人数或者所持表决权数未达到本法或者公司章程规定的人数或者所持表决权数；

（四）同意决议事项的人数或者所持表决权数未达到本法或者公司章程规定的人数或者所持表决权数。

第二十八条 公司股东会、董事会决议被人民法院宣告无效、撤销或者确认不成立的，公司应当向公司登记机关申请撤销根据该决议已办理的登记。

股东会、董事会决议被人民法院宣告无效、撤销或者确认不成立的，公司根据该决议与善意相对人形成的民事法律关系不受影响。

第二章　公司登记

第二十九条　设立公司，应当依法向公司登记机关申请设立登记。

法律、行政法规规定设立公司必须报经批准的，应当在公司登记前依法办理批准手续。

第三十条　申请设立公司，应当提交设立登记申请书、公司章程等文件，提交的相关材料应当真实、合法和有效。

申请材料不齐全或者不符合法定形式的，公司登记机关应当一次性告知需要补正的材料。

第三十一条　申请设立公司，符合本法规定的设立条件的，由公司登记机关分别登记为有限责任公司或者股份有限公司；不符合本法规定的设立条件的，不得登记为有限责任公司或者股份有限公司。

第三十二条　公司登记事项包括：

（一）名称；

（二）住所；

（三）注册资本；

（四）经营范围；

（五）法定代表人的姓名；

（六）有限责任公司股东、股份有限公司发起人的姓名或者名称。

公司登记机关应当将前款规定的公司登记事项通过国家企业信用信息公示系统向社会公示。

第三十三条　依法设立的公司，由公司登记机关发给公司营业执照。公司营业执照签发日期为公司成立日期。

公司营业执照应当载明公司的名称、住所、注册资本、经营范围、法定代表人姓名等事项。

公司登记机关可以发给电子营业执照。电子营业执照与纸质营业执照具有同等法律效力。

第三十四条 公司登记事项发生变更的，应当依法办理变更登记。

公司登记事项未经登记或者未经变更登记，不得对抗善意相对人。

第三十五条 公司申请变更登记，应当向公司登记机关提交公司法定代表人签署的变更登记申请书、依法作出的变更决议或者决定等文件。

公司变更登记事项涉及修改公司章程的，应当提交修改后的公司章程。

公司变更法定代表人的，变更登记申请书由变更后的法定代表人签署。

第三十六条 公司营业执照记载的事项发生变更的，公司办理变更登记后，由公司登记机关换发营业执照。

第三十七条 公司因解散、被宣告破产或者其他法定事由需要终止的，应当依法向公司登记机关申请注销登记，由公司登记机关公告公司终止。

第三十八条 公司设立分公司，应当向公司登记机关申请登记，领取营业执照。

第三十九条 虚报注册资本、提交虚假材料或者采取其他欺诈手段隐瞒重要事实取得公司设立登记的，公司登记机关应当依照法律、行政法规的规定予以撤销。

第四十条 公司应当按照规定通过国家企业信用信息公示系统公示下列事项：

（一）有限责任公司股东认缴和实缴的出资额、出资方式和出资日期，股份有限公司发起人认购的股份数；

（二）有限责任公司股东、股份有限公司发起人的股权、股份变更信息；

（三）行政许可取得、变更、注销等信息；

（四）法律、行政法规规定的其他信息。

公司应当确保前款公示信息真实、准确、完整。

第四十一条　公司登记机关应当优化公司登记办理流程，提高公司登记效率，加强信息化建设，推行网上办理等便捷方式，提升公司登记便利化水平。

国务院市场监督管理部门根据本法和有关法律、行政法规的规定，制定公司登记注册的具体办法。

第三章　有限责任公司的设立和组织机构

第一节　设　　立

第四十二条　有限责任公司由一个以上五十个以下股东出资设立。

第四十三条　有限责任公司设立时的股东可以签订设立协议，明确各自在公司设立过程中的权利和义务。

第四十四条　有限责任公司设立时的股东为设立公司从事的民事活动，其法律后果由公司承受。

公司未成立的，其法律后果由公司设立时的股东承受；设立时的股东为二人以上的，享有连带债权，承担连带债务。

设立时的股东为设立公司以自己的名义从事民事活动产生的民事责任，第三人有权选择请求公司或者公司设立时的股东承担。

设立时的股东因履行公司设立职责造成他人损害的，公司或者无过错的股东承担赔偿责任后，可以向有过错的股东追偿。

第四十五条　设立有限责任公司，应当由股东共同制定公司章程。

第四十六条　有限责任公司章程应当载明下列事项：

（一）公司名称和住所；

（二）公司经营范围；

（三）公司注册资本；

（四）股东的姓名或者名称；

（五）股东的出资额、出资方式和出资日期；

（六）公司的机构及其产生办法、职权、议事规则；

（七）公司法定代表人的产生、变更办法；

（八）股东会认为需要规定的其他事项。

股东应当在公司章程上签名或者盖章。

第四十七条 有限责任公司的注册资本为在公司登记机关登记的全体股东认缴的出资额。全体股东认缴的出资额由股东按照公司章程的规定自公司成立之日起五年内缴足。

法律、行政法规以及国务院决定对有限责任公司注册资本实缴、注册资本最低限额、股东出资期限另有规定的，从其规定。

第四十八条 股东可以用货币出资，也可以用实物、知识产权、土地使用权、股权、债权等可以用货币估价并可以依法转让的非货币财产作价出资；但是，法律、行政法规规定不得作为出资的财产除外。

对作为出资的非货币财产应当评估作价，核实财产，不得高估或者低估作价。法律、行政法规对评估作价有规定的，从其规定。

第四十九条 股东应当按期足额缴纳公司章程规定的各自所认缴的出资额。

股东以货币出资的，应当将货币出资足额存入有限责任公司在银行开设的账户；以非货币财产出资的，应当依法办理其财产权的转移手续。

股东未按期足额缴纳出资的，除应当向公司足额缴纳外，还应当对给公司造成的损失承担赔偿责任。

第五十条 有限责任公司设立时，股东未按照公司章程规定实际缴纳出资，或者实际出资的非货币财产的实际价额显著低于所认缴的出资额的，设立时的其他股东与该股东在出资不足的范围内承担连带责任。

第五十一条 有限责任公司成立后，董事会应当对股东的出资情况进行核查，发现股东未按期足额缴纳公司章程规定的出资的，应当由公司向该股东发出书面催缴书，催缴出资。

未及时履行前款规定的义务，给公司造成损失的，负有责任的董事应当承担赔偿责任。

第五十二条 股东未按照公司章程规定的出资日期缴纳出资，公司依照前条第一款规定发出书面催缴书催缴出资的，可以载明缴纳出资的宽限期；宽限期自公司发出催缴书之日起，不得少于六十日。宽限期届满，股东仍未履行出资义务的，公司经董事会决议可以向该股东发出失权通知，通知应当以书面形式发出。自通知发出之日起，该股东丧失其未缴纳出资的股权。

依照前款规定丧失的股权应当依法转让，或者相应减少注册资本并注销该股权；六个月内未转让或者注销的，由公司其他股东按照其出资比例足额缴纳相应出资。

股东对失权有异议的，应当自接到失权通知之日起三十日内，向人民法院提起诉讼。

第五十三条 公司成立后，股东不得抽逃出资。

违反前款规定的，股东应当返还抽逃的出资；给公司造成损失的，负有责任的董事、监事、高级管理人员应当与该股东承担连带赔偿责任。

第五十四条 公司不能清偿到期债务的，公司或者已到期债权的债权人有权要求已认缴出资但未届出资期限的股东提前缴纳出资。

第五十五条 有限责任公司成立后，应当向股东签发出资证明书，记载下列事项：

（一）公司名称；

（二）公司成立日期；

（三）公司注册资本；

（四）股东的姓名或者名称、认缴和实缴的出资额、出资方式和出资日期；

（五）出资证明书的编号和核发日期。

出资证明书由法定代表人签名，并由公司盖章。

第五十六条 有限责任公司应当置备股东名册，记载下列事项：

（一）股东的姓名或者名称及住所；

（二）股东认缴和实缴的出资额、出资方式和出资日期；

（三）出资证明书编号；

（四）取得和丧失股东资格的日期。

记载于股东名册的股东，可以依股东名册主张行使股东权利。

第五十七条 股东有权查阅、复制公司章程、股东名册、股东会会议记录、董事会会议决议、监事会会议决议和财务会计报告。

股东可以要求查阅公司会计账簿、会计凭证。股东要求查阅公司会计账簿、会计凭证的，应当向公司提出书面请求，说明目的。公司有合理根据认为股东查阅会计账簿、会计凭证有不正当目的，可能损害公司合法利益的，可以拒绝提供查阅，并应当自股东提出书面请求之日起十五日内书面答复股东并说明理由。公司拒绝提供查阅的，股东可以向人民法院提起诉讼。

股东查阅前款规定的材料，可以委托会计师事务所、律师事务所等中介机构进行。

股东及其委托的会计师事务所、律师事务所等中介机构查阅、复制有关材料，应当遵守有关保护国家秘密、商业秘密、个人隐私、个人信息等法律、行政法规的规定。

股东要求查阅、复制公司全资子公司相关材料的，适用前四款的规定。

第二节 组织机构

第五十八条 有限责任公司股东会由全体股东组成。股东会是公司的权力机构，依照本法行使职权。

第五十九条 股东会行使下列职权：

（一）选举和更换董事、监事，决定有关董事、监事的报酬事项；

（二）审议批准董事会的报告；

（三）审议批准监事会的报告；

（四）审议批准公司的利润分配方案和弥补亏损方案；

（五）对公司增加或者减少注册资本作出决议；

（六）对发行公司债券作出决议；

（七）对公司合并、分立、解散、清算或者变更公司形式作出决议；

（八）修改公司章程；

（九）公司章程规定的其他职权。

股东会可以授权董事会对发行公司债券作出决议。

对本条第一款所列事项股东以书面形式一致表示同意的，可以不召开股东会会议，直接作出决定，并由全体股东在决定文件上签名或者盖章。

第六十条 只有一个股东的有限责任公司不设股东会。股东作出前条第一款所列事项的决定时，应当采用书面形式，并由股东签名或者盖章后置备于公司。

第六十一条 首次股东会会议由出资最多的股东召集和主持，依照本法规定行使职权。

第六十二条 股东会会议分为定期会议和临时会议。

定期会议应当按照公司章程的规定按时召开。代表十分之一以上表决权的股东、三分之一以上的董事或者监事会提议召开临时会议的，应当召开临时会议。

第六十三条 股东会会议由董事会召集，董事长主持；董事长不能履行职务或者不履行职务的，由副董事长主持；副董事长不能履行职务或者不履行职务的，由过半数的董事共同推举一名董事主持。

董事会不能履行或者不履行召集股东会会议职责的，由监事会召集和主持；监事会不召集和主持的，代表十分之一以上表决权的股东可以自行召集和主持。

第六十四条 召开股东会会议，应当于会议召开十五日前通知全体股东；但是，公司章程另有规定或者全体股东另有约定的除外。

股东会应当对所议事项的决定作成会议记录，出席会议的股东应当在会议记录上签名或者盖章。

第六十五条 股东会会议由股东按照出资比例行使表决权；但是，公司章程另有规定的除外。

第六十六条 股东会的议事方式和表决程序，除本法有规定的外，由公司章程规定。

股东会作出决议，应当经代表过半数表决权的股东通过。

股东会作出修改公司章程、增加或者减少注册资本的决议，以及公司合并、分立、解散或者变更公司形式的决议，应当经代表三分之二以上表决权的股东通过。

第六十七条 有限责任公司设董事会，本法第七十五条另有规定的除外。

董事会行使下列职权：

（一）召集股东会会议，并向股东会报告工作；

（二）执行股东会的决议；

（三）决定公司的经营计划和投资方案；

（四）制订公司的利润分配方案和弥补亏损方案；

（五）制订公司增加或者减少注册资本以及发行公司债券的方案；

（六）制订公司合并、分立、解散或者变更公司形式的方案；

（七）决定公司内部管理机构的设置；

（八）决定聘任或者解聘公司经理及其报酬事项，并根据经理的提名决定聘任或者解聘公司副经理、财务负责人及其报酬事项；

（九）制定公司的基本管理制度；

（十）公司章程规定或者股东会授予的其他职权。

公司章程对董事会职权的限制不得对抗善意相对人。

第六十八条 有限责任公司董事会成员为三人以上，其成员中可以有公司职工代表。职工人数三百人以上的有限责任公司，除依法设监事会并有公司职工代表的外，其董事会成员中应当有公司职工代表。董事会中的职工代表由公司职工通过职工代表大会、职工大会或者其他形式民主选举产生。

董事会设董事长一人，可以设副董事长。董事长、副董事长的产生办法由公司章程规定。

第六十九条 有限责任公司可以按照公司章程的规定在董事会中设置由董事组成的审计委员会，行使本法规定的监事会的职权，不设监事会或者监事。公司董事会成员中的职工代表可以成为审计委员会成员。

第七十条 董事任期由公司章程规定，但每届任期不得超过三年。董事任期届满，连选可以连任。

董事任期届满未及时改选，或者董事在任期内辞任导致董事会成员低于法定人数的，在改选出的董事就任前，原董事仍应当依照法律、行政法规和公司章程的规定，履行董事职务。

董事辞任的，应当以书面形式通知公司，公司收到通知之日辞任生效，但存在前款规定情形的，董事应当继续履行职务。

第七十一条 股东会可以决议解任董事，决议作出之日解任生效。

无正当理由，在任期届满前解任董事的，该董事可以要求公司予以赔偿。

第七十二条 董事会会议由董事长召集和主持；董事长不能履行职务或者不履行职务的，由副董事长召集和主持；副董事长不能履行职务或者不履行职务的，由过半数的董事共同推举一名董事召集和主持。

第七十三条 董事会的议事方式和表决程序，除本法有规定的外，由公司章程规定。

董事会会议应当有过半数的董事出席方可举行。董事会作出决议，应当经全体董事的过半数通过。

董事会决议的表决，应当一人一票。

董事会应当对所议事项的决定作成会议记录，出席会议的董事应当在会议记录上签名。

第七十四条 有限责任公司可以设经理，由董事会决定聘任或者解聘。

经理对董事会负责，根据公司章程的规定或者董事会的授权行使职权。经理列席董事会会议。

第七十五条 规模较小或者股东人数较少的有限责任公司，可以不设董事会，设一名董事，行使本法规定的董事会的职权。该董事可以兼任公司经理。

第七十六条 有限责任公司设监事会，本法第六十九条、第八十三条另有规定的除外。

监事会成员为三人以上。监事会成员应当包括股东代表和适当比例的公司职工代表，其中职工代表的比例不得低于三分之一，具体比例由公司章程规定。监事会中的职工代表由公司职工通过职工代表大会、职工大会或者其他形式民主选举产生。

监事会设主席一人，由全体监事过半数选举产生。监事会主席召集和主持监事会会议；监事会主席不能履行职务或者不履行职务的，由过半数的监事共同推举一名监事召集和主持监事会会议。

董事、高级管理人员不得兼任监事。

第七十七条 监事的任期每届为三年。监事任期届满，连选可以连任。

监事任期届满未及时改选，或者监事在任期内辞任导致监事会成员低于法定人数的，在改选出的监事就任前，原监事仍应当依照法律、行政法规和公司章程的规定，履行监事职务。

第七十八条 监事会行使下列职权：

（一）检查公司财务；

（二）对董事、高级管理人员执行职务的行为进行监督，对违反法律、行政法规、公司章程或者股东会决议的董事、高级管理人员提出解任的建议；

（三）当董事、高级管理人员的行为损害公司的利益时，要求董事、高级管理人员予以纠正；

（四）提议召开临时股东会会议，在董事会不履行本法规定的召集和主持股东会会议职责时召集和主持股东会会议；

（五）向股东会会议提出提案；

（六）依照本法第一百八十九条的规定，对董事、高级管理人员提起诉讼；

（七）公司章程规定的其他职权。

第七十九条 监事可以列席董事会会议，并对董事会决议事项提出质询或者建议。

监事会发现公司经营情况异常，可以进行调查；必要时，可以聘请会计师事务所等协助其工作，费用由公司承担。

第八十条 监事会可以要求董事、高级管理人员提交执行职务的报告。

董事、高级管理人员应当如实向监事会提供有关情况和资料，不得妨碍监事会或者监事行使职权。

第八十一条 监事会每年度至少召开一次会议，监事可以提议召开临时监事会会议。

监事会的议事方式和表决程序，除本法有规定的外，由公司章程规定。

监事会决议应当经全体监事的过半数通过。

监事会决议的表决，应当一人一票。

监事会应当对所议事项的决定作成会议记录，出席会议的监事应当在会议记录上签名。

第八十二条 监事会行使职权所必需的费用，由公司承担。

第八十三条 规模较小或者股东人数较少的有限责任公司，可以不设监事会，设一名监事，行使本法规定的监事会的职权；经全体股东一致同意，也可以不设监事。

第四章 有限责任公司的股权转让

第八十四条 有限责任公司的股东之间可以相互转让其全部或者部

分股权。

股东向股东以外的人转让股权的，应当将股权转让的数量、价格、支付方式和期限等事项书面通知其他股东，其他股东在同等条件下有优先购买权。股东自接到书面通知之日起三十日内未答复的，视为放弃优先购买权。两个以上股东行使优先购买权的，协商确定各自的购买比例；协商不成的，按照转让时各自的出资比例行使优先购买权。

公司章程对股权转让另有规定的，从其规定。

第八十五条 人民法院依照法律规定的强制执行程序转让股东的股权时，应当通知公司及全体股东，其他股东在同等条件下有优先购买权。其他股东自人民法院通知之日起满二十日不行使优先购买权的，视为放弃优先购买权。

第八十六条 股东转让股权的，应当书面通知公司，请求变更股东名册；需要办理变更登记的，并请求公司向公司登记机关办理变更登记。公司拒绝或者在合理期限内不予答复的，转让人、受让人可以依法向人民法院提起诉讼。

股权转让的，受让人自记载于股东名册时起可以向公司主张行使股东权利。

第八十七条 依照本法转让股权后，公司应当及时注销原股东的出资证明书，向新股东签发出资证明书，并相应修改公司章程和股东名册中有关股东及其出资额的记载。对公司章程的该项修改不需再由股东会表决。

第八十八条 股东转让已认缴出资但未届出资期限的股权的，由受让人承担缴纳该出资的义务；受让人未按期足额缴纳出资的，转让人对受让人未按期缴纳的出资承担补充责任。

未按照公司章程规定的出资日期缴纳出资或者作为出资的非货币财产的实际价额显著低于所认缴的出资额的股东转让股权的，转让人与受让人在出资不足的范围内承担连带责任；受让人不知道且不应当知道存在上述情形的，由转让人承担责任。

第八十九条 有下列情形之一的，对股东会该项决议投反对票的股东可以请求公司按照合理的价格收购其股权：

（一）公司连续五年不向股东分配利润，而公司该五年连续盈利，并且符合本法规定的分配利润条件；

（二）公司合并、分立、转让主要财产；

（三）公司章程规定的营业期限届满或者章程规定的其他解散事由出现，股东会通过决议修改章程使公司存续。

自股东会决议作出之日起六十日内，股东与公司不能达成股权收购协议的，股东可以自股东会决议作出之日起九十日内向人民法院提起诉讼。

公司的控股股东滥用股东权利，严重损害公司或者其他股东利益的，其他股东有权请求公司按照合理的价格收购其股权。

公司因本条第一款、第三款规定的情形收购的本公司股权，应当在六个月内依法转让或者注销。

第九十条 自然人股东死亡后，其合法继承人可以继承股东资格；但是，公司章程另有规定的除外。

第五章 股份有限公司的设立和组织机构

第一节 设 立

第九十一条 设立股份有限公司，可以采取发起设立或者募集设立的方式。

发起设立，是指由发起人认购设立公司时应发行的全部股份而设立公司。

募集设立，是指由发起人认购设立公司时应发行股份的一部分，其余股份向特定对象募集或者向社会公开募集而设立公司。

第九十二条 设立股份有限公司，应当有一人以上二百人以下为发起人，其中应当有半数以上的发起人在中华人民共和国境内有住所。

第九十三条 股份有限公司发起人承担公司筹办事务。

发起人应当签订发起人协议，明确各自在公司设立过程中的权利和义务。

第九十四条 设立股份有限公司，应当由发起人共同制订公司章程。

第九十五条 股份有限公司章程应当载明下列事项：

（一）公司名称和住所；

（二）公司经营范围；

（三）公司设立方式；

（四）公司注册资本、已发行的股份数和设立时发行的股份数，面额股的每股金额；

（五）发行类别股的，每一类别股的股份数及其权利和义务；

（六）发起人的姓名或者名称、认购的股份数、出资方式；

（七）董事会的组成、职权和议事规则；

（八）公司法定代表人的产生、变更办法；

（九）监事会的组成、职权和议事规则；

（十）公司利润分配办法；

（十一）公司的解散事由与清算办法；

（十二）公司的通知和公告办法；

（十三）股东会认为需要规定的其他事项。

第九十六条 股份有限公司的注册资本为在公司登记机关登记的已发行股份的股本总额。在发起人认购的股份缴足前，不得向他人募集股份。

法律、行政法规以及国务院决定对股份有限公司注册资本最低限额另有规定的，从其规定。

第九十七条 以发起设立方式设立股份有限公司的，发起人应当认足公司章程规定的公司设立时应发行的股份。

以募集设立方式设立股份有限公司的，发起人认购的股份不得少于公司章程规定的公司设立时应发行股份总数的百分之三十五；但是，法律、行政法规另有规定的，从其规定。

第九十八条 发起人应当在公司成立前按照其认购的股份全额缴纳股款。

发起人的出资，适用本法第四十八条、第四十九条第二款关于有限责任公司股东出资的规定。

第九十九条 发起人不按照其认购的股份缴纳股款，或者作为出资的非货币财产的实际价额显著低于所认购的股份的，其他发起人与该发起人在出资不足的范围内承担连带责任。

第一百条 发起人向社会公开募集股份，应当公告招股说明书，并制作认股书。认股书应当载明本法第一百五十四条第二款、第三款所列事项，由认股人填写认购的股份数、金额、住所，并签名或者盖章。认股人应当按照所认购股份足额缴纳股款。

第一百零一条 向社会公开募集股份的股款缴足后，应当经依法设立的验资机构验资并出具证明。

第一百零二条 股份有限公司应当制作股东名册并置备于公司。股东名册应当记载下列事项：

（一）股东的姓名或者名称及住所；

（二）各股东所认购的股份种类及股份数；

（三）发行纸面形式的股票的，股票的编号；

（四）各股东取得股份的日期。

第一百零三条 募集设立股份有限公司的发起人应当自公司设立时应发行股份的股款缴足之日起三十日内召开公司成立大会。发起人应当在成立大会召开十五日前将会议日期通知各认股人或者予以公告。成立大会应当有持有表决权过半数的认股人出席，方可举行。

以发起设立方式设立股份有限公司成立大会的召开和表决程序由公司章程或者发起人协议规定。

第一百零四条 公司成立大会行使下列职权：

（一）审议发起人关于公司筹办情况的报告；

（二）通过公司章程；

（三）选举董事、监事；

（四）对公司的设立费用进行审核；

（五）对发起人非货币财产出资的作价进行审核；

（六）发生不可抗力或者经营条件发生重大变化直接影响公司设立的，可以作出不设立公司的决议。

成立大会对前款所列事项作出决议，应当经出席会议的认股人所持表决权过半数通过。

第一百零五条 公司设立时应发行的股份未募足，或者发行股份的股款缴足后，发起人在三十日内未召开成立大会的，认股人可以按照所缴股款并加算银行同期存款利息，要求发起人返还。

发起人、认股人缴纳股款或者交付非货币财产出资后，除未按期募足股份、发起人未按期召开成立大会或者成立大会决议不设立公司的情形外，不得抽回其股本。

第一百零六条 董事会应当授权代表，于公司成立大会结束后三十日内向公司登记机关申请设立登记。

第一百零七条 本法第四十四条、第四十九条第三款、第五十一条、第五十二条、第五十三条的规定，适用于股份有限公司。

第一百零八条 有限责任公司变更为股份有限公司时，折合的实收股本总额不得高于公司净资产额。有限责任公司变更为股份有限公司，为增加注册资本公开发行股份时，应当依法办理。

第一百零九条 股份有限公司应当将公司章程、股东名册、股东会会议记录、董事会会议记录、监事会会议记录、财务会计报告、债券持有人名册置备于本公司。

第一百一十条 股东有权查阅、复制公司章程、股东名册、股东会会议记录、董事会会议决议、监事会会议决议、财务会计报告，对公司的经营提出建议或者质询。

连续一百八十日以上单独或者合计持有公司百分之三以上股份的股东要求查阅公司的会计账簿、会计凭证的，适用本法第五十七条第二款、第三款、第四款的规定。公司章程对持股比例有较低规定的，从其规定。

股东要求查阅、复制公司全资子公司相关材料的，适用前两款的规定。

上市公司股东查阅、复制相关材料的，应当遵守《中华人民共和国证券法》等法律、行政法规的规定。

第二节　股东会

第一百一十一条　股份有限公司股东会由全体股东组成。股东会是公司的权力机构，依照本法行使职权。

第一百一十二条　本法第五十九条第一款、第二款关于有限责任公司股东会职权的规定，适用于股份有限公司股东会。

本法第六十条关于只有一个股东的有限责任公司不设股东会的规定，适用于只有一个股东的股份有限公司。

第一百一十三条　股东会应当每年召开一次年会。有下列情形之一的，应当在两个月内召开临时股东会会议：

（一）董事人数不足本法规定人数或者公司章程所定人数的三分之二时；

（二）公司未弥补的亏损达股本总额三分之一时；

（三）单独或者合计持有公司百分之十以上股份的股东请求时；

（四）董事会认为必要时；

（五）监事会提议召开时；

（六）公司章程规定的其他情形。

第一百一十四条　股东会会议由董事会召集，董事长主持；董事长不能履行职务或者不履行职务的，由副董事长主持；副董事长不能履行职务或者不履行职务的，由过半数的董事共同推举一名董事主持。

董事会不能履行或者不履行召集股东会会议职责的，监事会应当及时召集和主持；监事会不召集和主持的，连续九十日以上单独或者合计持有公司百分之十以上股份的股东可以自行召集和主持。

单独或者合计持有公司百分之十以上股份的股东请求召开临时股东会会议的，董事会、监事会应当在收到请求之日起十日内作出是否召开临时股东会会议的决定，并书面答复股东。

第一百一十五条 召开股东会会议，应当将会议召开的时间、地点和审议的事项于会议召开二十日前通知各股东；临时股东会会议应当于会议召开十五日前通知各股东。

单独或者合计持有公司百分之一以上股份的股东，可以在股东会会议召开十日前提出临时提案并书面提交董事会。临时提案应当有明确议题和具体决议事项。董事会应当在收到提案后二日内通知其他股东，并将该临时提案提交股东会审议；但临时提案违反法律、行政法规或者公司章程的规定，或者不属于股东会职权范围的除外。公司不得提高提出临时提案股东的持股比例。

公开发行股份的公司，应当以公告方式作出前两款规定的通知。

股东会不得对通知中未列明的事项作出决议。

第一百一十六条 股东出席股东会会议，所持每一股份有一表决权，类别股股东除外。公司持有的本公司股份没有表决权。

股东会作出决议，应当经出席会议的股东所持表决权过半数通过。

股东会作出修改公司章程、增加或者减少注册资本的决议，以及公司合并、分立、解散或者变更公司形式的决议，应当经出席会议的股东所持表决权的三分之二以上通过。

第一百一十七条 股东会选举董事、监事，可以按照公司章程的规定或者股东会的决议，实行累积投票制。

本法所称累积投票制，是指股东会选举董事或者监事时，每一股份拥有与应选董事或者监事人数相同的表决权，股东拥有的表决权可以集中使用。

第一百一十八条 股东委托代理人出席股东会会议的，应当明确代理人代理的事项、权限和期限；代理人应当向公司提交股东授权委托书，并在授权范围内行使表决权。

第一百一十九条 股东会应当对所议事项的决定作成会议记录，主持人、出席会议的董事应当在会议记录上签名。会议记录应当与出席股东的签名册及代理出席的委托书一并保存。

第三节 董事会、经理

第一百二十条 股份有限公司设董事会，本法第一百二十八条另有规定的除外。

本法第六十七条、第六十八条第一款、第七十条、第七十一条的规定，适用于股份有限公司。

第一百二十一条 股份有限公司可以按照公司章程的规定在董事会中设置由董事组成的审计委员会，行使本法规定的监事会的职权，不设监事会或者监事。

审计委员会成员为三名以上，过半数成员不得在公司担任除董事以外的其他职务，且不得与公司存在任何可能影响其独立客观判断的关系。公司董事会成员中的职工代表可以成为审计委员会成员。

审计委员会作出决议，应当经审计委员会成员的过半数通过。

审计委员会决议的表决，应当一人一票。

审计委员会的议事方式和表决程序，除本法有规定的外，由公司章程规定。

公司可以按照公司章程的规定在董事会中设置其他委员会。

第一百二十二条 董事会设董事长一人，可以设副董事长。董事长和副董事长由董事会以全体董事的过半数选举产生。

董事长召集和主持董事会会议，检查董事会决议的实施情况。副董事长协助董事长工作，董事长不能履行职务或者不履行职务的，由副董事长履行职务；副董事长不能履行职务或者不履行职务的，由过半数的董事共同推举一名董事履行职务。

第一百二十三条 董事会每年度至少召开两次会议，每次会议应当于会议召开十日前通知全体董事和监事。

代表十分之一以上表决权的股东、三分之一以上董事或者监事会，可以提议召开临时董事会会议。董事长应当自接到提议后十日内，召集和主持董事会会议。

董事会召开临时会议，可以另定召集董事会的通知方式和通知时限。

第一百二十四条 董事会会议应当有过半数的董事出席方可举行。董事会作出决议，应当经全体董事的过半数通过。

董事会决议的表决，应当一人一票。

董事会应当对所议事项的决定作成会议记录，出席会议的董事应当在会议记录上签名。

第一百二十五条 董事会会议，应当由董事本人出席；董事因故不能出席，可以书面委托其他董事代为出席，委托书应当载明授权范围。

董事应当对董事会的决议承担责任。董事会的决议违反法律、行政法规或者公司章程、股东会决议，给公司造成严重损失的，参与决议的董事对公司负赔偿责任；经证明在表决时曾表明异议并记载于会议记录的，该董事可以免除责任。

第一百二十六条 股份有限公司设经理，由董事会决定聘任或者解聘。

经理对董事会负责，根据公司章程的规定或者董事会的授权行使职权。经理列席董事会会议。

第一百二十七条 公司董事会可以决定由董事会成员兼任经理。

第一百二十八条 规模较小或者股东人数较少的股份有限公司，可以不设董事会，设一名董事，行使本法规定的董事会的职权。该董事可以兼任公司经理。

第一百二十九条 公司应当定期向股东披露董事、监事、高级管理人员从公司获得报酬的情况。

第四节　监事会

第一百三十条　股份有限公司设监事会，本法第一百二十一条第一款、第一百三十三条另有规定的除外。

监事会成员为三人以上。监事会成员应当包括股东代表和适当比例的公司职工代表，其中职工代表的比例不得低于三分之一，具体比例由公司章程规定。监事会中的职工代表由公司职工通过职工代表大会、职工大会或者其他形式民主选举产生。

监事会设主席一人，可以设副主席。监事会主席和副主席由全体监事过半数选举产生。监事会主席召集和主持监事会会议；监事会主席不能履行职务或者不履行职务的，由监事会副主席召集和主持监事会会议；监事会副主席不能履行职务或者不履行职务的，由过半数的监事共同推举一名监事召集和主持监事会会议。

董事、高级管理人员不得兼任监事。

本法第七十七条关于有限责任公司监事任期的规定，适用于股份有限公司监事。

第一百三十一条　本法第七十八条至第八十条的规定，适用于股份有限公司监事会。

监事会行使职权所必需的费用，由公司承担。

第一百三十二条　监事会每六个月至少召开一次会议。监事可以提议召开临时监事会会议。

监事会的议事方式和表决程序，除本法有规定的外，由公司章程规定。

监事会决议应当经全体监事的过半数通过。

监事会决议的表决，应当一人一票。

监事会应当对所议事项的决定作成会议记录，出席会议的监事应当在会议记录上签名。

第一百三十三条 规模较小或者股东人数较少的股份有限公司，可以不设监事会，设一名监事，行使本法规定的监事会的职权。

第五节 上市公司组织机构的特别规定

第一百三十四条 本法所称上市公司，是指其股票在证券交易所上市交易的股份有限公司。

第一百三十五条 上市公司在一年内购买、出售重大资产或者向他人提供担保的金额超过公司资产总额百分之三十的，应当由股东会作出决议，并经出席会议的股东所持表决权的三分之二以上通过。

第一百三十六条 上市公司设独立董事，具体管理办法由国务院证券监督管理机构规定。

上市公司的公司章程除载明本法第九十五条规定的事项外，还应当依照法律、行政法规的规定载明董事会专门委员会的组成、职权以及董事、监事、高级管理人员薪酬考核机制等事项。

第一百三十七条 上市公司在董事会中设置审计委员会的，董事会对下列事项作出决议前应当经审计委员会全体成员过半数通过：

（一）聘用、解聘承办公司审计业务的会计师事务所；

（二）聘任、解聘财务负责人；

（三）披露财务会计报告；

（四）国务院证券监督管理机构规定的其他事项。

第一百三十八条 上市公司设董事会秘书，负责公司股东会和董事会会议的筹备、文件保管以及公司股东资料的管理，办理信息披露事务等事宜。

第一百三十九条 上市公司董事与董事会会议决议事项所涉及的企业或者个人有关联关系的，该董事应当及时向董事会书面报告。有关联关系的董事不得对该项决议行使表决权，也不得代理其他董事行使表决权。该董事会会议由过半数的无关联关系董事出席即可举行，董事会会议所作决议须经无关联关系董事过半数通过。出席董事会会议的无关联关系董事人数不足三人的，应当将该事项提交上市公司股东会审议。

第一百四十条 上市公司应当依法披露股东、实际控制人的信息，相关信息应当真实、准确、完整。

禁止违反法律、行政法规的规定代持上市公司股票。

第一百四十一条 上市公司控股子公司不得取得该上市公司的股份。

上市公司控股子公司因公司合并、质权行使等原因持有上市公司股份的，不得行使所持股份对应的表决权，并应当及时处分相关上市公司股份。

第六章 股份有限公司的股份发行和转让

第一节 股份发行

第一百四十二条 公司的资本划分为股份。公司的全部股份，根据公司章程的规定择一采用面额股或者无面额股。采用面额股的，每一股的金额相等。

公司可以根据公司章程的规定将已发行的面额股全部转换为无面额股或者将无面额股全部转换为面额股。

采用无面额股的，应当将发行股份所得股款的二分之一以上计入注册资本。

第一百四十三条 股份的发行，实行公平、公正的原则，同类别的每一股份应当具有同等权利。

同次发行的同类别股份，每股的发行条件和价格应当相同；认购人所认购的股份，每股应当支付相同价额。

第一百四十四条 公司可以按照公司章程的规定发行下列与普通股权利不同的类别股：

（一）优先或者劣后分配利润或者剩余财产的股份；

（二）每一股的表决权数多于或者少于普通股的股份；

（三）转让须经公司同意等转让受限的股份；

（四）国务院规定的其他类别股。

公开发行股份的公司不得发行前款第二项、第三项规定的类别股；公开发行前已发行的除外。

公司发行本条第一款第二项规定的类别股的，对于监事或者审计委员会成员的选举和更换，类别股与普通股每一股的表决权数相同。

第一百四十五条 发行类别股的公司，应当在公司章程中载明以下事项：

（一）类别股分配利润或者剩余财产的顺序；

（二）类别股的表决权数；

（三）类别股的转让限制；

（四）保护中小股东权益的措施；

（五）股东会认为需要规定的其他事项。

第一百四十六条 发行类别股的公司，有本法第一百一十六条第三款规定的事项等可能影响类别股股东权利的，除应当依照第一百一十六条第三款的规定经股东会决议外，还应当经出席类别股股东会议的股东所持表决权的三分之二以上通过。

公司章程可以对需经类别股股东会议决议的其他事项作出规定。

第一百四十七条 公司的股份采取股票的形式。股票是公司签发的证明股东所持股份的凭证。

公司发行的股票，应当为记名股票。

第一百四十八条 面额股股票的发行价格可以按票面金额，也可以超过票面金额，但不得低于票面金额。

第一百四十九条 股票采用纸面形式或者国务院证券监督管理机构规定的其他形式。

股票采用纸面形式的，应当载明下列主要事项：

（一）公司名称；

（二）公司成立日期或者股票发行的时间；

（三）股票种类、票面金额及代表的股份数，发行无面额股的，股票代表的股份数。

股票采用纸面形式的，还应当载明股票的编号，由法定代表人签名，公司盖章。

发起人股票采用纸面形式的，应当标明发起人股票字样。

第一百五十条 股份有限公司成立后，即向股东正式交付股票。公司成立前不得向股东交付股票。

第一百五十一条 公司发行新股，股东会应当对下列事项作出决议：

（一）新股种类及数额；

（二）新股发行价格；

（三）新股发行的起止日期；

（四）向原有股东发行新股的种类及数额；

（五）发行无面额股的，新股发行所得股款计入注册资本的金额。

公司发行新股，可以根据公司经营情况和财务状况，确定其作价方案。

第一百五十二条 公司章程或者股东会可以授权董事会在三年内决定发行不超过已发行股份百分之五十的股份。但以非货币财产作价出资的应当经股东会决议。

董事会依照前款规定决定发行股份导致公司注册资本、已发行股份数发生变化的，对公司章程该项记载事项的修改不需再由股东会表决。

第一百五十三条 公司章程或者股东会授权董事会决定发行新股的，董事会决议应当经全体董事三分之二以上通过。

第一百五十四条 公司向社会公开募集股份，应当经国务院证券监督管理机构注册，公告招股说明书。

招股说明书应当附有公司章程，并载明下列事项：

（一）发行的股份总数；

（二）面额股的票面金额和发行价格或者无面额股的发行价格；

（三）募集资金的用途；

（四）认股人的权利和义务；

（五）股份种类及其权利和义务；

（六）本次募股的起止日期及逾期未募足时认股人可以撤回所认股份的说明。

公司设立时发行股份的，还应当载明发起人认购的股份数。

第一百五十五条 公司向社会公开募集股份，应当由依法设立的证券公司承销，签订承销协议。

第一百五十六条 公司向社会公开募集股份，应当同银行签订代收股款协议。

代收股款的银行应当按照协议代收和保存股款，向缴纳股款的认股人出具收款单据，并负有向有关部门出具收款证明的义务。

公司发行股份募足股款后，应予公告。

第二节 股份转让

第一百五十七条 股份有限公司的股东持有的股份可以向其他股东转让，也可以向股东以外的人转让；公司章程对股份转让有限制的，其转让按照公司章程的规定进行。

第一百五十八条 股东转让其股份，应当在依法设立的证券交易场所进行或者按照国务院规定的其他方式进行。

第一百五十九条 股票的转让，由股东以背书方式或者法律、行政法规规定的其他方式进行；转让后由公司将受让人的姓名或者名称及住所记载于股东名册。

股东会会议召开前二十日内或者公司决定分配股利的基准日前五日内，不得变更股东名册。法律、行政法规或者国务院证券监督管理机构对上市公司股东名册变更另有规定的，从其规定。

第一百六十条 公司公开发行股份前已发行的股份，自公司股票在证券交易所上市交易之日起一年内不得转让。法律、行政法规或者国务院证券监督管理机构对上市公司的股东、实际控制人转让其所持有的本公司股份另有规定的，从其规定。

公司董事、监事、高级管理人员应当向公司申报所持有的本公司的股份及其变动情况，在就任时确定的任职期间每年转让的股份不得超过其所持有本公司股份总数的百分之二十五；所持本公司股份自公司股票上市交易之日起一年内不得转让。上述人员离职后半年内，不得转让其所持有的本公司股份。公司章程可以对公司董事、监事、高级管理人员转让其所持有的本公司股份作出其他限制性规定。

股份在法律、行政法规规定的限制转让期限内出质的，质权人不得在限制转让期限内行使质权。

第一百六十一条　有下列情形之一的，对股东会该项决议投反对票的股东可以请求公司按照合理的价格收购其股份，公开发行股份的公司除外：

（一）公司连续五年不向股东分配利润，而公司该五年连续盈利，并且符合本法规定的分配利润条件；

（二）公司转让主要财产；

（三）公司章程规定的营业期限届满或者章程规定的其他解散事由出现，股东会通过决议修改章程使公司存续。

自股东会决议作出之日起六十日内，股东与公司不能达成股份收购协议的，股东可以自股东会决议作出之日起九十日内向人民法院提起诉讼。

公司因本条第一款规定的情形收购的本公司股份，应当在六个月内依法转让或者注销。

第一百六十二条　公司不得收购本公司股份。但是，有下列情形之一的除外：

（一）减少公司注册资本；

（二）与持有本公司股份的其他公司合并；

（三）将股份用于员工持股计划或者股权激励；

（四）股东因对股东会作出的公司合并、分立决议持异议，要求公司收购其股份；

（五）将股份用于转换公司发行的可转换为股票的公司债券；

（六）上市公司为维护公司价值及股东权益所必需。

公司因前款第一项、第二项规定的情形收购本公司股份的，应当经股东会决议；公司因前款第三项、第五项、第六项规定的情形收购本公司股份的，可以按照公司章程或者股东会的授权，经三分之二以上董事出席的董事会会议决议。

公司依照本条第一款规定收购本公司股份后，属于第一项情形的，应当自收购之日起十日内注销；属于第二项、第四项情形的，应当在六个月内转让或者注销；属于第三项、第五项、第六项情形的，公司合计持有的本公司股份数不得超过本公司已发行股份总数的百分之十，并应当在三年内转让或者注销。

上市公司收购本公司股份的，应当依照《中华人民共和国证券法》的规定履行信息披露义务。上市公司因本条第一款第三项、第五项、第六项规定的情形收购本公司股份的，应当通过公开的集中交易方式进行。

公司不得接受本公司的股份作为质权的标的。

第一百六十三条 公司不得为他人取得本公司或者其母公司的股份提供赠与、借款、担保以及其他财务资助，公司实施员工持股计划的除外。

为公司利益，经股东会决议，或者董事会按照公司章程或者股东会的授权作出决议，公司可以为他人取得本公司或者其母公司的股份提供财务资助，但财务资助的累计总额不得超过已发行股本总额的百分之十。董事会作出决议应当经全体董事的三分之二以上通过。

违反前两款规定，给公司造成损失的，负有责任的董事、监事、高级管理人员应当承担赔偿责任。

第一百六十四条 股票被盗、遗失或者灭失，股东可以依照《中华人民共和国民事诉讼法》规定的公示催告程序，请求人民法院宣告该股票失效。人民法院宣告该股票失效后，股东可以向公司申请补发股票。

第一百六十五条 上市公司的股票，依照有关法律、行政法规及证券交易所交易规则上市交易。

第一百六十六条 上市公司应当依照法律、行政法规的规定披露相关信息。

第一百六十七条 自然人股东死亡后，其合法继承人可以继承股东资格；但是，股份转让受限的股份有限公司的章程另有规定的除外。

第七章　国家出资公司组织机构的特别规定

第一百六十八条 国家出资公司的组织机构，适用本章规定；本章没有规定的，适用本法其他规定。

本法所称国家出资公司，是指国家出资的国有独资公司、国有资本控股公司，包括国家出资的有限责任公司、股份有限公司。

第一百六十九条 国家出资公司，由国务院或者地方人民政府分别代表国家依法履行出资人职责，享有出资人权益。国务院或者地方人民政府可以授权国有资产监督管理机构或者其他部门、机构代表本级人民政府对国家出资公司履行出资人职责。

代表本级人民政府履行出资人职责的机构、部门，以下统称为履行出资人职责的机构。

第一百七十条 国家出资公司中中国共产党的组织，按照中国共产党章程的规定发挥领导作用，研究讨论公司重大经营管理事项，支持公司的组织机构依法行使职权。

第一百七十一条 国有独资公司章程由履行出资人职责的机构制定。

第一百七十二条 国有独资公司不设股东会，由履行出资人职责的机构行使股东会职权。履行出资人职责的机构可以授权公司董事会行使股东会的部分职权，但公司章程的制定和修改，公司的合并、分立、解散、申请破产，增加或者减少注册资本，分配利润，应当由履行出资人职责的机构决定。

第一百七十三条 国有独资公司的董事会依照本法规定行使职权。

国有独资公司的董事会成员中，应当过半数为外部董事，并应当有公司职工代表。

董事会成员由履行出资人职责的机构委派；但是，董事会成员中的职工代表由公司职工代表大会选举产生。

董事会设董事长一人，可以设副董事长。董事长、副董事长由履行出资人职责的机构从董事会成员中指定。

第一百七十四条 国有独资公司的经理由董事会聘任或者解聘。

经履行出资人职责的机构同意，董事会成员可以兼任经理。

第一百七十五条 国有独资公司的董事、高级管理人员，未经履行出资人职责的机构同意，不得在其他有限责任公司、股份有限公司或者其他经济组织兼职。

第一百七十六条 国有独资公司在董事会中设置由董事组成的审计委员会行使本法规定的监事会职权的，不设监事会或者监事。

第一百七十七条 国家出资公司应当依法建立健全内部监督管理和风险控制制度，加强内部合规管理。

第八章 公司董事、监事、高级管理人员的资格和义务

第一百七十八条 有下列情形之一的，不得担任公司的董事、监事、高级管理人员：

（一）无民事行为能力或者限制民事行为能力；

（二）因贪污、贿赂、侵占财产、挪用财产或者破坏社会主义市场经济秩序，被判处刑罚，或者因犯罪被剥夺政治权利，执行期满未逾五年，被宣告缓刑的，自缓刑考验期满之日起未逾二年；

（三）担任破产清算的公司、企业的董事或者厂长、经理，对该公

司、企业的破产负有个人责任的，自该公司、企业破产清算完结之日起未逾三年；

（四）担任因违法被吊销营业执照、责令关闭的公司、企业的法定代表人，并负有个人责任的，自该公司、企业被吊销营业执照、责令关闭之日起未逾三年；

（五）个人因所负数额较大债务到期未清偿被人民法院列为失信被执行人。

违反前款规定选举、委派董事、监事或者聘任高级管理人员的，该选举、委派或者聘任无效。

董事、监事、高级管理人员在任职期间出现本条第一款所列情形的，公司应当解除其职务。

第一百七十九条 董事、监事、高级管理人员应当遵守法律、行政法规和公司章程。

第一百八十条 董事、监事、高级管理人员对公司负有忠实义务，应当采取措施避免自身利益与公司利益冲突，不得利用职权牟取不正当利益。

董事、监事、高级管理人员对公司负有勤勉义务，执行职务应当为公司的最大利益尽到管理者通常应有的合理注意。

公司的控股股东、实际控制人不担任公司董事但实际执行公司事务的，适用前两款规定。

第一百八十一条 董事、监事、高级管理人员不得有下列行为：

（一）侵占公司财产、挪用公司资金；

（二）将公司资金以其个人名义或者以其他个人名义开立账户存储；

（三）利用职权贿赂或者收受其他非法收入；

（四）接受他人与公司交易的佣金归为己有；

（五）擅自披露公司秘密；

（六）违反对公司忠实义务的其他行为。

第一百八十二条 董事、监事、高级管理人员，直接或者间接与本公司订立合同或者进行交易，应当就与订立合同或者进行交易有关的事项向董事会或者股东会报告，并按照公司章程的规定经董事会或者股东会决议通过。

董事、监事、高级管理人员的近亲属，董事、监事、高级管理人员或者其近亲属直接或者间接控制的企业，以及与董事、监事、高级管理人员有其他关联关系的关联人，与公司订立合同或者进行交易，适用前款规定。

第一百八十三条 董事、监事、高级管理人员，不得利用职务便利为自己或者他人谋取属于公司的商业机会。但是，有下列情形之一的除外：

（一）向董事会或者股东会报告，并按照公司章程的规定经董事会或者股东会决议通过；

（二）根据法律、行政法规或者公司章程的规定，公司不能利用该商业机会。

第一百八十四条 董事、监事、高级管理人员未向董事会或者股东会报告，并按照公司章程的规定经董事会或者股东会决议通过，不得自营或者为他人经营与其任职公司同类的业务。

第一百八十五条 董事会对本法第一百八十二条至第一百八十四条规定的事项决议时，关联董事不得参与表决，其表决权不计入表决权总数。出席董事会会议的无关联关系董事人数不足三人的，应当将该事项提交股东会审议。

第一百八十六条 董事、监事、高级管理人员违反本法第一百八十一条至第一百八十四条规定所得的收入应当归公司所有。

第一百八十七条 股东会要求董事、监事、高级管理人员列席会议的，董事、监事、高级管理人员应当列席并接受股东的质询。

第一百八十八条 董事、监事、高级管理人员执行职务违反法律、行政法规或者公司章程的规定，给公司造成损失的，应当承担赔偿责任。

第一百八十九条 董事、高级管理人员有前条规定的情形的，有限责任公司的股东、股份有限公司连续一百八十日以上单独或者合计持有公司百分之一以上股份的股东，可以书面请求监事会向人民法院提起诉讼；监事有前条规定的情形的，前述股东可以书面请求董事会向人民法院提起诉讼。

监事会或者董事会收到前款规定的股东书面请求后拒绝提起诉讼，或者自收到请求之日起三十日内未提起诉讼，或者情况紧急、不立即提起诉讼将会使公司利益受到难以弥补的损害的，前款规定的股东有权为公司利益以自己的名义直接向人民法院提起诉讼。

他人侵犯公司合法权益，给公司造成损失的，本条第一款规定的股东可以依照前两款的规定向人民法院提起诉讼。

公司全资子公司的董事、监事、高级管理人员有前条规定情形，或者他人侵犯公司全资子公司合法权益造成损失的，有限责任公司的股东、股份有限公司连续一百八十日以上单独或者合计持有公司百分之一以上股份的股东，可以依照前三款规定书面请求全资子公司的监事会、董事会向人民法院提起诉讼或者以自己的名义直接向人民法院提起诉讼。

第一百九十条 董事、高级管理人员违反法律、行政法规或者公司章程的规定，损害股东利益的，股东可以向人民法院提起诉讼。

第一百九十一条 董事、高级管理人员执行职务，给他人造成损害的，公司应当承担赔偿责任；董事、高级管理人员存在故意或者重大过失的，也应当承担赔偿责任。

第一百九十二条 公司的控股股东、实际控制人指示董事、高级管理人员从事损害公司或者股东利益的行为的，与该董事、高级管理人员承担连带责任。

第一百九十三条 公司可以在董事任职期间为董事因执行公司职务

承担的赔偿责任投保责任保险。

公司为董事投保责任保险或者续保后，董事会应当向股东会报告责任保险的投保金额、承保范围及保险费率等内容。

第九章　公司债券

第一百九十四条　本法所称公司债券，是指公司发行的约定按期还本付息的有价证券。

公司债券可以公开发行，也可以非公开发行。

公司债券的发行和交易应当符合《中华人民共和国证券法》等法律、行政法规的规定。

第一百九十五条　公开发行公司债券，应当经国务院证券监督管理机构注册，公告公司债券募集办法。

公司债券募集办法应当载明下列主要事项：

（一）公司名称；

（二）债券募集资金的用途；

（三）债券总额和债券的票面金额；

（四）债券利率的确定方式；

（五）还本付息的期限和方式；

（六）债券担保情况；

（七）债券的发行价格、发行的起止日期；

（八）公司净资产额；

（九）已发行的尚未到期的公司债券总额；

（十）公司债券的承销机构。

第一百九十六条　公司以纸面形式发行公司债券的，应当在债券上载明公司名称、债券票面金额、利率、偿还期限等事项，并由法定代表人签名，公司盖章。

第一百九十七条　公司债券应当为记名债券。

第一百九十八条　公司发行公司债券应当置备公司债券持有人名册。

发行公司债券的，应当在公司债券持有人名册上载明下列事项：

（一）债券持有人的姓名或者名称及住所；

（二）债券持有人取得债券的日期及债券的编号；

（三）债券总额，债券的票面金额、利率、还本付息的期限和方式；

（四）债券的发行日期。

第一百九十九条　公司债券的登记结算机构应当建立债券登记、存管、付息、兑付等相关制度。

第二百条　公司债券可以转让，转让价格由转让人与受让人约定。

公司债券的转让应当符合法律、行政法规的规定。

第二百零一条　公司债券由债券持有人以背书方式或者法律、行政法规规定的其他方式转让；转让后由公司将受让人的姓名或者名称及住所记载于公司债券持有人名册。

第二百零二条　股份有限公司经股东会决议，或者经公司章程、股东会授权由董事会决议，可以发行可转换为股票的公司债券，并规定具体的转换办法。上市公司发行可转换为股票的公司债券，应当经国务院证券监督管理机构注册。

发行可转换为股票的公司债券，应当在债券上标明可转换公司债券字样，并在公司债券持有人名册上载明可转换公司债券的数额。

第二百零三条　发行可转换为股票的公司债券的，公司应当按照其转换办法向债券持有人换发股票，但债券持有人对转换股票或者不转换股票有选择权。法律、行政法规另有规定的除外。

第二百零四条　公开发行公司债券的，应当为同期债券持有人设立债券持有人会议，并在债券募集办法中对债券持有人会议的召集程序、会议规则和其他重要事项作出规定。债券持有人会议可以对与债券持有人有利害关系的事项作出决议。

除公司债券募集办法另有约定外，债券持有人会议决议对同期全体债券持有人发生效力。

第二百零五条 公开发行公司债券的，发行人应当为债券持有人聘请债券受托管理人，由其为债券持有人办理受领清偿、债权保全、与债券相关的诉讼以及参与债务人破产程序等事项。

第二百零六条 债券受托管理人应当勤勉尽责，公正履行受托管理职责，不得损害债券持有人利益。

受托管理人与债券持有人存在利益冲突可能损害债券持有人利益的，债券持有人会议可以决议变更债券受托管理人。

债券受托管理人违反法律、行政法规或者债券持有人会议决议，损害债券持有人利益的，应当承担赔偿责任。

第十章 公司财务、会计

第二百零七条 公司应当依照法律、行政法规和国务院财政部门的规定建立本公司的财务、会计制度。

第二百零八条 公司应当在每一会计年度终了时编制财务会计报告，并依法经会计师事务所审计。

财务会计报告应当依照法律、行政法规和国务院财政部门的规定制作。

第二百零九条 有限责任公司应当按照公司章程规定的期限将财务会计报告送交各股东。

股份有限公司的财务会计报告应当在召开股东会年会的二十日前置备于本公司，供股东查阅；公开发行股份的股份有限公司应当公告其财务会计报告。

第二百一十条 公司分配当年税后利润时，应当提取利润的百分之十列入公司法定公积金。公司法定公积金累计额为公司注册资本的百分之五十以上的，可以不再提取。

公司的法定公积金不足以弥补以前年度亏损的，在依照前款规定提取法定公积金之前，应当先用当年利润弥补亏损。

公司从税后利润中提取法定公积金后，经股东会决议，还可以从税后利润中提取任意公积金。

公司弥补亏损和提取公积金后所余税后利润，有限责任公司按照股东实缴的出资比例分配利润，全体股东约定不按照出资比例分配利润的除外；股份有限公司按照股东所持有的股份比例分配利润，公司章程另有规定的除外。

公司持有的本公司股份不得分配利润。

第二百一十一条 公司违反本法规定向股东分配利润的，股东应当将违反规定分配的利润退还公司；给公司造成损失的，股东及负有责任的董事、监事、高级管理人员应当承担赔偿责任。

第二百一十二条 股东会作出分配利润的决议的，董事会应当在股东会决议作出之日起六个月内进行分配。

第二百一十三条 公司以超过股票票面金额的发行价格发行股份所得的溢价款、发行无面额股所得股款未计入注册资本的金额以及国务院财政部门规定列入资本公积金的其他项目，应当列为公司资本公积金。

第二百一十四条 公司的公积金用于弥补公司的亏损、扩大公司生产经营或者转为增加公司注册资本。

公积金弥补公司亏损，应当先使用任意公积金和法定公积金；仍不能弥补的，可以按照规定使用资本公积金。

法定公积金转为增加注册资本时，所留存的该项公积金不得少于转增前公司注册资本的百分之二十五。

第二百一十五条 公司聘用、解聘承办公司审计业务的会计师事务所，按照公司章程的规定，由股东会、董事会或者监事会决定。

公司股东会、董事会或者监事会就解聘会计师事务所进行表决时，应当允许会计师事务所陈述意见。

第二百一十六条 公司应当向聘用的会计师事务所提供真实、完整的会计凭证、会计账簿、财务会计报告及其他会计资料，不得拒绝、隐匿、谎报。

第二百一十七条 公司除法定的会计账簿外，不得另立会计账簿。

对公司资金，不得以任何个人名义开立账户存储。

第十一章 公司合并、分立、增资、减资

第二百一十八条 公司合并可以采取吸收合并或者新设合并。

一个公司吸收其他公司为吸收合并，被吸收的公司解散。两个以上公司合并设立一个新的公司为新设合并，合并各方解散。

第二百一十九条 公司与其持股百分之九十以上的公司合并，被合并的公司不需经股东会决议，但应当通知其他股东，其他股东有权请求公司按照合理的价格收购其股权或者股份。

公司合并支付的价款不超过本公司净资产百分之十的，可以不经股东会决议；但是，公司章程另有规定的除外。

公司依照前两款规定合并不经股东会决议的，应当经董事会决议。

第二百二十条 公司合并，应当由合并各方签订合并协议，并编制资产负债表及财产清单。公司应当自作出合并决议之日起十日内通知债权人，并于三十日内在报纸上或者国家企业信用信息公示系统公告。债权人自接到通知之日起三十日内，未接到通知的自公告之日起四十五日内，可以要求公司清偿债务或者提供相应的担保。

第二百二十一条 公司合并时，合并各方的债权、债务，应当由合并后存续的公司或者新设的公司承继。

第二百二十二条 公司分立，其财产作相应的分割。

公司分立，应当编制资产负债表及财产清单。公司应当自作出分立决议之日起十日内通知债权人，并于三十日内在报纸上或者国家企业信

用信息公示系统公告。

第二百二十三条 公司分立前的债务由分立后的公司承担连带责任。但是，公司在分立前与债权人就债务清偿达成的书面协议另有约定的除外。

第二百二十四条 公司减少注册资本，应当编制资产负债表及财产清单。

公司应当自股东会作出减少注册资本决议之日起十日内通知债权人，并于三十日内在报纸上或者国家企业信用信息公示系统公告。债权人自接到通知之日起三十日内，未接到通知的自公告之日起四十五日内，有权要求公司清偿债务或者提供相应的担保。

公司减少注册资本，应当按照股东出资或者持有股份的比例相应减少出资额或者股份，法律另有规定、有限责任公司全体股东另有约定或者股份有限公司章程另有规定的除外。

第二百二十五条 公司依照本法第二百一十四条第二款的规定弥补亏损后，仍有亏损的，可以减少注册资本弥补亏损。减少注册资本弥补亏损的，公司不得向股东分配，也不得免除股东缴纳出资或者股款的义务。

依照前款规定减少注册资本的，不适用前条第二款的规定，但应当自股东会作出减少注册资本决议之日起三十日内在报纸上或者国家企业信用信息公示系统公告。

公司依照前两款的规定减少注册资本后，在法定公积金和任意公积金累计额达到公司注册资本百分之五十前，不得分配利润。

第二百二十六条 违反本法规定减少注册资本的，股东应当退还其收到的资金，减免股东出资的应当恢复原状；给公司造成损失的，股东及负有责任的董事、监事、高级管理人员应当承担赔偿责任。

第二百二十七条 有限责任公司增加注册资本时，股东在同等条件下有权优先按照实缴的出资比例认缴出资。但是，全体股东约定不按照出资比例优先认缴出资的除外。

股份有限公司为增加注册资本发行新股时，股东不享有优先认购权，公司章程另有规定或者股东会决议决定股东享有优先认购权的除外。

第二百二十八条 有限责任公司增加注册资本时，股东认缴新增资本的出资，依照本法设立有限责任公司缴纳出资的有关规定执行。

股份有限公司为增加注册资本发行新股时，股东认购新股，依照本法设立股份有限公司缴纳股款的有关规定执行。

第十二章 公司解散和清算

第二百二十九条 公司因下列原因解散：

（一）公司章程规定的营业期限届满或者公司章程规定的其他解散事由出现；

（二）股东会决议解散；

（三）因公司合并或者分立需要解散；

（四）依法被吊销营业执照、责令关闭或者被撤销；

（五）人民法院依照本法第二百三十一条的规定予以解散。

公司出现前款规定的解散事由，应当在十日内将解散事由通过国家企业信用信息公示系统予以公示。

第二百三十条 公司有前条第一款第一项、第二项情形，且尚未向股东分配财产的，可以通过修改公司章程或者经股东会决议而存续。

依照前款规定修改公司章程或者经股东会决议，有限责任公司须经持有三分之二以上表决权的股东通过，股份有限公司须经出席股东会会议的股东所持表决权的三分之二以上通过。

第二百三十一条 公司经营管理发生严重困难，继续存续会使股东利益受到重大损失，通过其他途径不能解决的，持有公司百分之十以上表决权的股东，可以请求人民法院解散公司。

第二百三十二条 公司因本法第二百二十九条第一款第一项、第二项、第四项、第五项规定而解散的，应当清算。董事为公司清算义务人，应当在解散事由出现之日起十五日内组成清算组进行清算。

清算组由董事组成，但是公司章程另有规定或者股东会决议另选他人的除外。

清算义务人未及时履行清算义务，给公司或者债权人造成损失的，应当承担赔偿责任。

第二百三十三条 公司依照前条第一款的规定应当清算，逾期不成立清算组进行清算或者成立清算组后不清算的，利害关系人可以申请人民法院指定有关人员组成清算组进行清算。人民法院应当受理该申请，并及时组织清算组进行清算。

公司因本法第二百二十九条第一款第四项的规定而解散的，作出吊销营业执照、责令关闭或者撤销决定的部门或者公司登记机关，可以申请人民法院指定有关人员组成清算组进行清算。

第二百三十四条 清算组在清算期间行使下列职权：

（一）清理公司财产，分别编制资产负债表和财产清单；

（二）通知、公告债权人；

（三）处理与清算有关的公司未了结的业务；

（四）清缴所欠税款以及清算过程中产生的税款；

（五）清理债权、债务；

（六）分配公司清偿债务后的剩余财产；

（七）代表公司参与民事诉讼活动。

第二百三十五条 清算组应当自成立之日起十日内通知债权人，并于六十日内在报纸上或者国家企业信用信息公示系统公告。债权人应当自接到通知之日起三十日内，未接到通知的自公告之日起四十五日内，向清算组申报其债权。

债权人申报债权，应当说明债权的有关事项，并提供证明材料。清算组应当对债权进行登记。

在申报债权期间，清算组不得对债权人进行清偿。

第二百三十六条 清算组在清理公司财产、编制资产负债表和财产清单后，应当制订清算方案，并报股东会或者人民法院确认。

公司财产在分别支付清算费用、职工的工资、社会保险费用和法定补偿金，缴纳所欠税款，清偿公司债务后的剩余财产，有限责任公司按照股东的出资比例分配，股份有限公司按照股东持有的股份比例分配。

清算期间，公司存续，但不得开展与清算无关的经营活动。公司财产在未依照前款规定清偿前，不得分配给股东。

第二百三十七条 清算组在清理公司财产、编制资产负债表和财产清单后，发现公司财产不足清偿债务的，应当依法向人民法院申请破产清算。

人民法院受理破产申请后，清算组应当将清算事务移交给人民法院指定的破产管理人。

第二百三十八条 清算组成员履行清算职责，负有忠实义务和勤勉义务。

清算组成员怠于履行清算职责，给公司造成损失的，应当承担赔偿责任；因故意或者重大过失给债权人造成损失的，应当承担赔偿责任。

第二百三十九条 公司清算结束后，清算组应当制作清算报告，报股东会或者人民法院确认，并报送公司登记机关，申请注销公司登记。

第二百四十条 公司在存续期间未产生债务，或者已清偿全部债务的，经全体股东承诺，可以按照规定通过简易程序注销公司登记。

通过简易程序注销公司登记，应当通过国家企业信用信息公示系统予以公告，公告期限不少于二十日。公告期限届满后，未有异议的，公司可以在二十日内向公司登记机关申请注销公司登记。

公司通过简易程序注销公司登记，股东对本条第一款规定的内容承诺不实的，应当对注销登记前的债务承担连带责任。

第二百四十一条　公司被吊销营业执照、责令关闭或者被撤销，满三年未向公司登记机关申请注销公司登记的，公司登记机关可以通过国家企业信用信息公示系统予以公告，公告期限不少于六十日。公告期限届满后，未有异议的，公司登记机关可以注销公司登记。

依照前款规定注销公司登记的，原公司股东、清算义务人的责任不受影响。

第二百四十二条　公司被依法宣告破产的，依照有关企业破产的法律实施破产清算。

第十三章　外国公司的分支机构

第二百四十三条　本法所称外国公司，是指依照外国法律在中华人民共和国境外设立的公司。

第二百四十四条　外国公司在中华人民共和国境内设立分支机构，应当向中国主管机关提出申请，并提交其公司章程、所属国的公司登记证书等有关文件，经批准后，向公司登记机关依法办理登记，领取营业执照。

外国公司分支机构的审批办法由国务院另行规定。

第二百四十五条　外国公司在中华人民共和国境内设立分支机构，应当在中华人民共和国境内指定负责该分支机构的代表人或者代理人，并向该分支机构拨付与其所从事的经营活动相适应的资金。

对外国公司分支机构的经营资金需要规定最低限额的，由国务院另行规定。

第二百四十六条　外国公司的分支机构应当在其名称中标明该外国公司的国籍及责任形式。

外国公司的分支机构应当在本机构中置备该外国公司章程。

第二百四十七条　外国公司在中华人民共和国境内设立的分支机构不具有中国法人资格。

外国公司对其分支机构在中华人民共和国境内进行经营活动承担民事责任。

第二百四十八条 经批准设立的外国公司分支机构，在中华人民共和国境内从事业务活动，应当遵守中国的法律，不得损害中国的社会公共利益，其合法权益受中国法律保护。

第二百四十九条 外国公司撤销其在中华人民共和国境内的分支机构时，应当依法清偿债务，依照本法有关公司清算程序的规定进行清算。未清偿债务之前，不得将其分支机构的财产转移至中华人民共和国境外。

第十四章 法律责任

第二百五十条 违反本法规定，虚报注册资本、提交虚假材料或者采取其他欺诈手段隐瞒重要事实取得公司登记的，由公司登记机关责令改正，对虚报注册资本的公司，处以虚报注册资本金额百分之五以上百分之十五以下的罚款；对提交虚假材料或者采取其他欺诈手段隐瞒重要事实的公司，处以五万元以上二百万元以下的罚款；情节严重的，吊销营业执照；对直接负责的主管人员和其他直接责任人员处以三万元以上三十万元以下的罚款。

第二百五十一条 公司未依照本法第四十条规定公示有关信息或者不如实公示有关信息的，由公司登记机关责令改正，可以处以一万元以上五万元以下的罚款。情节严重的，处以五万元以上二十万元以下的罚款；对直接负责的主管人员和其他直接责任人员处以一万元以上十万元以下的罚款。

第二百五十二条 公司的发起人、股东虚假出资，未交付或者未按期交付作为出资的货币或者非货币财产的，由公司登记机关责令改正，可以处以五万元以上二十万元以下的罚款；情节严重的，处以虚假出资或者未出资金额百分之五以上百分之十五以下的罚款；对直接负责的主管人员和其他直接责任人员处以一万元以上十万元以下的罚款。

第二百五十三条 公司的发起人、股东在公司成立后，抽逃其出资的，由公司登记机关责令改正，处以所抽逃出资金额百分之五以上百分之十五以下的罚款；对直接负责的主管人员和其他直接责任人员处以三万元以上三十万元以下的罚款。

第二百五十四条 有下列行为之一的，由县级以上人民政府财政部门依照《中华人民共和国会计法》等法律、行政法规的规定处罚：

（一）在法定的会计账簿以外另立会计账簿；

（二）提供存在虚假记载或者隐瞒重要事实的财务会计报告。

第二百五十五条 公司在合并、分立、减少注册资本或者进行清算时，不依照本法规定通知或者公告债权人的，由公司登记机关责令改正，对公司处以一万元以上十万元以下的罚款。

第二百五十六条 公司在进行清算时，隐匿财产，对资产负债表或者财产清单作虚假记载，或者在未清偿债务前分配公司财产的，由公司登记机关责令改正，对公司处以隐匿财产或者未清偿债务前分配公司财产金额百分之五以上百分之十以下的罚款；对直接负责的主管人员和其他直接责任人员处以一万元以上十万元以下的罚款。

第二百五十七条 承担资产评估、验资或者验证的机构提供虚假材料或者提供有重大遗漏的报告的，由有关部门依照《中华人民共和国资产评估法》、《中华人民共和国注册会计师法》等法律、行政法规的规定处罚。

承担资产评估、验资或者验证的机构因其出具的评估结果、验资或者验证证明不实，给公司债权人造成损失的，除能够证明自己没有过错的外，在其评估或者证明不实的金额范围内承担赔偿责任。

第二百五十八条 公司登记机关违反法律、行政法规规定未履行职责或者履行职责不当的，对负有责任的领导人员和直接责任人员依法给予政务处分。

第二百五十九条 未依法登记为有限责任公司或者股份有限公司，

而冒用有限责任公司或者股份有限公司名义的，或者未依法登记为有限责任公司或者股份有限公司的分公司，而冒用有限责任公司或者股份有限公司的分公司名义的，由公司登记机关责令改正或者予以取缔，可以并处十万元以下的罚款。

第二百六十条 公司成立后无正当理由超过六个月未开业的，或者开业后自行停业连续六个月以上的，公司登记机关可以吊销营业执照，但公司依法办理歇业的除外。

公司登记事项发生变更时，未依照本法规定办理有关变更登记的，由公司登记机关责令限期登记；逾期不登记的，处以一万元以上十万元以下的罚款。

第二百六十一条 外国公司违反本法规定，擅自在中华人民共和国境内设立分支机构的，由公司登记机关责令改正或者关闭，可以并处五万元以上二十万元以下的罚款。

第二百六十二条 利用公司名义从事危害国家安全、社会公共利益的严重违法行为的，吊销营业执照。

第二百六十三条 公司违反本法规定，应当承担民事赔偿责任和缴纳罚款、罚金的，其财产不足以支付时，先承担民事赔偿责任。

第二百六十四条 违反本法规定，构成犯罪的，依法追究刑事责任。

第十五章 附 则

第二百六十五条 本法下列用语的含义：

（一）高级管理人员，是指公司的经理、副经理、财务负责人，上市公司董事会秘书和公司章程规定的其他人员。

（二）控股股东，是指其出资额占有限责任公司资本总额超过百分之五十或者其持有的股份占股份有限公司股本总额超过百分之五十的股东；出资额或者持有股份的比例虽然低于百分之五十，但依其出资额或者持有的股份所享有的表决权已足以对股东会的决议产生重大影响的股东。

（三）实际控制人，是指通过投资关系、协议或者其他安排，能够实际支配公司行为的人。

（四）关联关系，是指公司控股股东、实际控制人、董事、监事、高级管理人员与其直接或者间接控制的企业之间的关系，以及可能导致公司利益转移的其他关系。但是，国家控股的企业之间不仅因为同受国家控股而具有关联关系。

第二百六十六条 本法自2024年7月1日起施行。

本法施行前已登记设立的公司，出资期限超过本法规定的期限的，除法律、行政法规或者国务院另有规定外，应当逐步调整至本法规定的期限以内；对于出资期限、出资额明显异常的，公司登记机关可以依法要求其及时调整。具体实施办法由国务院规定。

关于《中华人民共和国公司法（修订草案）》的说明

——2021年12月20日在第十三届全国人民代表大会常务委员会第三十二次会议上

全国人大常委会法制工作委员会副主任 王瑞贺

委员长、各位副委员长、秘书长、各位委员：

我受委员长会议委托，作关于《中华人民共和国公司法（修订草案）》的说明。

一、关于公司法修改的必要性

公司是最重要的市场主体，公司法是社会主义市场经济制度的基础性法律。我国现行公司法于1993年制定，1999年、2004年对个别条款进行了修改，2005年进行了全面修订，2013年、2018年又对公司资本制度相关问题作了两次重要修改。公司法的制定和修改，与我国社会主义市场经济体制的建立和完善密切相关，颁布实施近30年来，对于建立健全现代企业制度，促进社会主义市场经济持续健康发展，发挥了重要作用。

党的十八大以来，以习近平同志为核心的党中央统筹推进“五位一体”总体布局，协调推进“四个全面”战略布局，在深化国有企业改革、优化营商环境、加强产权保护、促进资本市场健康发展等方面作出重大决策部署，推动公司制度和实践进一步完善发展，公司注册登记数量由2013年的1033万家增加到3800万家，同时对公司法修改提出一系列任务要求。

第一，修改公司法，是深化国有企业改革、完善中国特色现代企业制度的需要。习近平总书记强调，坚持党对国有企业的领导是重大政治原则，必须一以贯之；建立现代企业制度是国有企业的改革方向，也必须一以贯之。党的十八届三中全会决定提出，推动国有企业完善现代企业制度；健全协调运转、有效制衡的公司法人治理结构。党的十九届三中全会决定提出，将国有重点大型企业监事会职责划入审计署，不再设立国有重点大型企业监事会。党的十九届四中全会决定提出，要深化国有企业改革，完善中国特色现代企业制度；增强国有经济竞争力、创新力、控制力、影响力和抗风险能力。《中共中央、国务院关于深化国有企业改革的指导意见》等对推进国有企业改革发展作出具体部署。修改公司法，贯彻落实党中央关于深化国有企业改革决策部署，是巩固深化国有企业治理改革成果，完善中国特色现代企业制度，促进国有经济高质量发展的必然要求。

第二，修改公司法，是持续优化营商环境、激发市场创新活力的需要。法治是最好的营商环境。党的十八大以来，党中央、国务院深入推进简政放权、放管结合、优化服务，持续改善营商环境。修改公司法，为方便公司设立、退出提供制度保障，为便利公司融资投资、优化治理机制提供更为丰富的制度性选择，降低公司运行成本，是推动打造市场化、法治化、国际化营商环境，更好激发市场创新动能和活力的客观需要。

第三，修改公司法，是完善产权保护制度、依法加强产权保护的需要。党的十八届四中全会决定提出，健全以公平为核心原则的产权保护制度，加强对各种所有制经济组织和自然人财产权的保护。党的十八届五中全会决定提出，推进产权保护法治化，依法保护各种所有制经济权益。党的十九大把“两个毫不动摇”写入新时代坚持和发展中国特色社会主义的基本方略。修改公司法，健全以企业组织形式和出资人承担责任方式为主的市场主体法律制度，规范公司的组织和行为，完善公司设立、运营、退出各环节相关当事人责任，切实维护公司、股东、债权人的合法权益，是完善产权保护制度、加强产权平等保护的重要内容。

第四，修改公司法，是健全资本市场基础性制度、促进资本市场健康发展的需要。习近平总书记强调，加快资本市场改革，尽快形成融资功能完备、基础制度扎实、市场监管有效、投资者合法权益得到充分保护的多层次市场体系。修改公司法，完善公司资本、公司治理等基础性制度，加强对投资者特别是中小投资者合法权益的保护，是促进资本市场健康发展、有效服务实体经济的重要举措。

同时，现行公司法律制度存在一些与改革和发展不适应、不协调的问题，主要是：有些制度滞后于近年来公司制度的创新实践；我国公司制度发展历程还不长，有些基础性制度尚有欠缺或者规定较为原则；公司监督制衡、责任追究机制不完善，中小投资者和债权人保护需要加强等。十三届全国人大以来，全国人大代表共有548人次提出相关议案、建议，呼吁修改完善公司法；一些专家学者、有关部门等通过多种方式提出修改公司法的意见建议。

各方面普遍认为，在贯彻新发展理念、构建新发展格局、推动高质量发展的过程中，市场经济体制改革不断深入，市场主体积极探索，创造了丰富的公司制度实践经验；司法机关根据公司法和公司纠纷裁判活动，制定出台了一系列司法解释和裁判规则；公司法理论研究不断深入，取得丰硕成果，为公司法修改完善提供了重要的基础和支撑。

二、关于起草工作和把握的几点

公司法修改列入了十三届全国人大常委会立法规划和年度立法工作计划。2019年初，法制工作委员会成立由中央有关部门、部分专家学者参加的公司法修改起草组，并组成工作专班，抓紧开展起草工作。在工作中，充分发挥全国人大代表的作用，通过多种方式听取他们的意见；成立专家组并委托专家学者对重点难点问题开展专题研究；请最高人民法院、国务院国资委、国家市场监管总局、中国证监会总结梳理公司法实施情况，提出修法建议。在上述工作基础上，经多次征求意见、反复修改完善，形成了公司法修订草案征求意见稿，送各省（区、市）人大常委会和中央有关部门共54家单位征求意见。总的认为，征求意见稿贯彻落实党中央一系列部署要求，深入总结实践经验，修改思路清晰，修改内容系统全面、针对性强，重要制度的充实完善符合实际，基本可行。法制工作委员会根据反馈意见对征求意见稿又作了修改完善，形成了《中华人民共和国公司法（修订草案）》。

起草工作注意把握以下几点：一是坚持正确政治方向。贯彻落实党中央决策部署对完善公司法律制度提出的各项任务要求，充分发挥市场在资源配置中的决定性作用，更好发挥政府作用，完善中国特色现代企业制度，为坚持和完善我国基本经济制度提供坚实法制保障。二是在现行公司法基本框架和主要制度的基础上作系统修改。保持现行公司法框架结构、基本制度稳定，维护法律制度的连续性、稳定性，降低制度转换成本；同时，适应经济社会发展变化的新形势新要求，针对实践中的突出问题和制度短板，对现行公司法作系统的修改完善。三是坚持立足国情与借鉴国际经验相结合。从我国实际出发，将实践中行之有效的做法和改革成果上升为法律规范；同时注意吸收借鉴一些国家公司法律制度有益经验，还适应世界银行营商环境评价，作了一些有针对性的修改。四是处理好与其他法律法规的关系。做好公司法修改与民法典、外商投资法、证券法、企业国有资产法以及正在修改的企业破产法等法律的衔接，并合理吸收相关行政法规、规章、司法解释的成果。

三、关于修订草案的主要内容

修订草案共15章260条，在现行公司法13章218条的基础上，实质新增和修改70条左右。主要修改内容包括以下几方面。

（一）坚持党对国有企业的领导

坚持党的领导，是国有企业的本质特征和独特优势，是完善中国特色现代企业制度的根本要求。修订草案依据党章规定，明确党对国有企业的领导，保证党组织把方向、管大局、保落实的领导作用，规定："国家出资公司中中国共产党的组织，按照中国共产党章程的规定发挥领导作用，研究讨论公司重大经营管理事项，支持股东会、董事会、监事会、高级管理人员依法行使职权。"

同时，修订草案继续坚持现行公司法关于在各类型公司中根据党章规定设立党的组织，开展党的活动，公司应当为党组织的活动提供必要条件等规定。

（二）关于完善国家出资公司特别规定

深入总结国有企业改革成果，在现行公司法关于国有独资公司专节的基础上，设“国家出资公司的特别规定”专章：一是将适用范围由国有独资有限责任公司，扩大到国有独资、国有控股的有限责任公司、股份有限公司。二是明确国家出资公司由国有资产监督管理机构等根据授权代表本级政府履行出资人职责；履行出资人职责的机构就重要的国家出资公司的重大事项作出有关决定前，应当报本级政府批准；国家出资公司应当依法建立健全内部监督管理和风险控制制度。三是落实党中央有关部署，加强国有独资公司董事会建设，要求国有独资公司董事会成员中外部董事应当超过半数；并在董事会中设置审计委员会等专门委员会，同时不再设监事会。

（三）关于完善公司设立、退出制度

深入总结党的十八大以来持续优化营商环境改革成果，完善公司登记制度，进一步简便公司设立和退出。一是新设公司登记一章，明确公司设立登记、变更登记、注销登记的事项和程序；同时要求公司登记机关优化登记流程，提高登记效率和便利化水平。二是充分利用信息化建设成果，明确电子营业执照、通过统一的企业信息公示系统发布公告、采用电子通讯方式作出决议的法律效力。三是扩大可用作出资的财产范围，明确股权、债权可以作价出资；放宽一人有限责任公司设立等限制，并允许设立一人股份有限公司。四是完善公司清算制度，强化清算义务人和清算组成员的义务和责任；增加规定，经全体股东对债务履行作出承诺，可以通过简易程序注销登记。

（四）关于优化公司组织机构设置

贯彻落实党中央关于完善中国特色现代企业制度的要求，深入总结

我国公司制度创新实践经验，在组织机构设置方面赋予公司更大自主权。一是突出董事会在公司治理中的地位，并根据民法典的有关规定，明确董事会是公司的执行机构。二是根据国有独资公司、国有资本投资运营公司董事会建设实践，并为我国企业走出去及外商到我国投资提供便利，允许公司选择单层制治理模式（即只设董事会、不设监事会）。公司选择只设董事会的，应当在董事会中设置由董事组成的审计委员会负责监督；其中，股份有限公司审计委员会的成员应过半数为非执行董事。三是进一步简化公司组织机构设置，对于规模较小的公司，可以不设董事会，股份有限公司设一至二名董事，有限责任公司设一名董事或者经理；规模较小的公司还可以不设监事会，设一至二名监事。

同时，现行公司法在职工董事的设置方面，只对国有独资和国有全资的有限责任公司提出了要求。为更好保障职工参与公司民主管理、民主监督，修订草案扩大设置职工董事的公司范围，并不再按公司所有制类型对职工董事的设置提出要求。考虑到修订草案已规定规模较小的公司不设董事会，并综合考虑中型企业划分标准等因素，规定：职工人数三百人以上的公司，董事会成员中应当有职工代表；其他公司董事会成员中可以有职工代表。

（五）关于完善公司资本制度

为提高投融资效率并维护交易安全，深入总结企业注册资本制度改革成果，吸收借鉴国外公司法律制度经验，丰富完善公司资本制度。一是在股份有限公司中引入授权资本制，即股份有限公司设立时只需发行部分股份，公司章程或者股东会可以作出授权，由董事会根据公司运营的实际需要决定发行剩余股份。这样既方便股份有限公司设立，又给予了公司发行新股筹集资本的灵活性，并且能够减少公司注册资本虚化等问题的发生。二是为适应不同投资者的投资需求，对已有较多实践的类别股作出规定，包括优先股和劣后股、特殊表决权股、转让受限股等；

允许公司根据章程择一采用面额股或者无面额股；按照反洗钱有关要求，并根据我国股票发行的实际，取消无记名股。三是增加简易减资制度，即：公司按照规定弥补亏损后仍有亏损的，可以进行简易减资，但不得向股东进行分配。

同时，加强对股东出资和股权交易行为的规范，维护交易安全。一是增加股东欠缴出资的失权制度，规定：股东未按期足额缴纳出资，经公司催缴后在规定期限内仍未缴纳出资的，该股东丧失其未缴纳出资的股权。二是增加有限责任公司股东认缴出资的加速到期制度，规定：公司不能清偿到期债务，且明显缺乏清偿能力的，公司或者债权人有权要求已认缴出资但未届缴资期限的股东提前缴纳出资。三是明确瑕疵股权转让时转让方、受让方的出资责任。

（六）关于强化控股股东和经营管理人员的责任

落实党中央关于产权平等保护等要求，总结吸收公司法司法实践经验，完善控股股东和经营管理人员责任制度。一是完善董事、监事、高级管理人员忠实义务和勤勉义务的具体内容；加强对关联交易的规范，扩大关联人的范围，增加关联交易报告义务和回避表决规则。二是强化董事、监事、高级管理人员维护公司资本充实的责任，包括：股东欠缴出资和抽逃出资，违反本法规定分配利润和减少注册资本，以及违反本法规定为他人取得本公司股份提供财务资助时，上述人员的赔偿责任。三是增加规定：董事、高级管理人员执行职务，因故意或者重大过失，给他人造成损害的，应当与公司承担连带责任。四是针对实践中控股股东、实际控制人滥用控制地位侵害公司及中小股东权益的突出问题，借鉴一些国家法律规定，明确：公司的控股股东、实际控制人利用其对公司的影响，指使董事、高级管理人员从事损害公司利益或者股东利益的行为，给公司或者股东造成损失的，与该董事、高级管理人员承担连带责任。

（七）关于加强公司社会责任

贯彻党的十八届四中全会决定有关要求，加强公司社会责任建设，增加规定：公司从事经营活动，应当在遵守法律法规规定义务的基础上，充分考虑公司职工、消费者等利益相关者的利益以及生态环境保护等社会公共利益，承担社会责任；国家鼓励公司参与社会公益活动，公布社会责任报告。

《中华人民共和国公司法（修订草案）》和以上说明是否妥当，请审议。

（来源：中国人大网）

完善中国特色现代企业制度

——全国人大常委会法工委负责人就《中华人民共和国公司法》修订答记者问

2023年12月29日，十四届全国人大常委会第七次会议修订通过《中华人民共和国公司法》（以下简称公司法），自2024年7月1日起施行。修改公司法的背景意义是什么？修改的亮点有哪些？实施好这部法律要抓紧开展哪些工作？全国人大常委会法工委负责人回答了记者提问。

问：修改公司法的背景意义是什么？

答：公司是最重要的市场主体，公司法是社会主义市场经济制度的基础性法律。我国现行公司法于1993年制定，2023年正值公司法颁布30周年。1999年、2004年对公司法个别条款进行了修改，2005年进行了全面修订，2013年、2018年对公司资本制度相关问题作了两次修改。公司法的制定和修改，与我国社会主义市场经济体制的建立和完善密切相关，对于建立健全现代企业制度，促进社会主义市场经济持续健康发展，发挥了重要作用。

公司法修改列入了十三届全国人大常委会立法规划。法制工作委员会组织成立由中央有关部门和专家学者组成的修改起草组，研究起草，形成修订草案。2021年12月，十三届全国人大常委会第三十二次会议审议了由委员长会议提请审议的公司法修订草案。2022年12月，十三届全国人大常委会第三十八次会议对修订草案进行了二次审议。2023年8月，十四届全国人大常委会第五次会议对修订草案进行了三次审议。2023年12月，十四届全国人大常委会第七次会议对修订草案进行了四次审议并通过了这部法律。

修改公司法是贯彻落实党中央关于深化国有企业改革、优化营商环境、加强产权保护、促进资本市场健康发展等重大决策部署的需要，也是适应实践发展，不断完善公司法律制度的需要，修改公司法对于完善中国特色现代企业制度、推动经济高质量发展具有重要意义。

起草工作注意把握以下几点：一是坚持正确政治方向。贯彻落实党中央决策部署对完善公司法律制度提出的各项任务要求，充分发挥市场在资源配置中的决定性作用，更好发挥政府作用，完善中国特色现代企业制度，为坚持和完善我国基本经济制度提供坚实法制保障。二是在现行公司法基本框架和主要制度的基础上作系统修改。保持现行公司法框架结构、基本制度稳定，维护法律制度的连续性、稳定性，降低制度转换成本；同时，适应经济社会发展变化的新形势新要求，针对实践中的突出问题和制度短板，对现行公司法作系统的修改完善。三是坚持立足国情与借鉴国际经验相结合。从我国实际出发，将实践中行之有效的做法和改革成果上升为法律规范；同时注意吸收借鉴一些国家和地区公司法律制度的有益经验。四是处理好与其他法律法规的关系。做好公司法修改与民法典、外商投资法、证券法、企业国有资产法以及正在修改的企业破产法等法律的衔接，并合理吸收相关行政法规、规章、司法解释的成果。

问：此次修改公司法有哪些亮点？

答：公司法修改，坚持问题导向，总结实践经验和理论成果，为便利公司投融资、优化治理机制提供更为丰富的制度选择，规范公司的组织和行为，强化各方主体责任，切实维护公司、股东、职工和债权人的合法权益，亮点纷呈，有许多制度创新和解决实际问题的举措。

完善公司资本制度。一是完善注册资本认缴登记制度。规定有限责任公司股东出资期限不得超过五年。根据国家市场监督管理总局的意见，授权国务院制定具体办法，对新法施行前已登记设立且出资期限超过本法规定期限的公司设置过渡期，要求其将出资期限逐步调整至本法规定的期限以内。二是在股份有限公司中引入授权资本制，允许公司章程或者股东会授权董事会发行股份，同时要求发起人全额缴纳股款，既方便公司设立、提高筹资灵活性，又减少注册资本虚化等问题。三是规定股份有限公司可以发行优先股和劣后股、特殊表决权股、转让受限股等类别股。四是允许公司根据章程择一采用面额股或者无面额股。五是允许公司按照规定使用资本公积金弥补亏损。六是规定简易减资制度，允许公司按照规定通过减少注册资本方式弥补亏损，但不得向股东分配，也不得免除股东缴纳出资或者股款的义务。七是增加股东未按期缴纳出资的失权制度、股东认缴出资加速到期制度，规定股权转让后转让人、受让人的责任。

优化公司治理。一是允许公司只设董事会、不设监事会，公司只设董事会的，应当在董事会中设置审计委员会行使监事会职权。二是简化公司组织机构设置。对于规模较小或者股东人数较少的公司，可以不设董事会，设一名董事，不设监事会，设一名监事；对于规模较小或者股东人数较少的有限责任公司，经全体股东一致同意，可以不设监事。三是为更好保障职工参与公司民主管理，规定职工人数三百人以上的公司，除依法设监事会并有公司职工代表的外，其董事会成员中应当有公司职工代表。公司董事会成员中的职工代表可以成为审计委员会成员。四是对股份有限公司董事会审计委员会和上市公司董事会审计委员会的议事方式和表决程序作了规定。

加强股东权利保护。一是强化股东知情权。扩大股东查阅材料的范围，允许有限责任公司股东查阅会计凭证，股份有限公司符合条件的股东查阅会计账簿和会计凭证，允许股东查阅、复制全资子公司相关材料。二是完善股份有限公司股东请求召集临时股东会会议的程序，完善股东临时提案权规定，强化股东民主参与公司治理。三是对于公司的控股股东滥用股东权利，严重损害公司或者其他股东利益的，规定其他股东有权请求公司按照合理的价格收购其股权。四是规定公司减少注册资本，应当按照股东出资或者持有股份的比例相应减少出资额或者股份，法律另有规定、有限责任公司全体股东另有约定或者股份有限公司章程另有规定的除外。五是允许股东对公司全资子公司董事、监事、高级管理人员等提起代表诉讼。

强化控股股东、实际控制人和董事、监事、高级管理人员的责任。一是完善忠实和勤勉义务的具体内容。二是加强对董事、监事、高级管理人员与公司关联交易等的规范，增加关联交易等的报告义务和回避表决规则。三是强化董事、监事、高级管理人员维护公司资本充实的责任。四是规定董事、高级管理人员执行职务存在故意或者重大过失，给他人造成损害的，应当承担赔偿责任。五是规定公司的控股股东、实际控制人不担任公司董事但实际执行公司事务的，对公司负有忠实义务和勤勉义务。六是规定公司的控股股东、实际控制人指示董事、高级管理人员从事损害公司或者股东利益的行为的，与该董事、高级管理人员承担连带责任。

完善公司设立、退出制度。一是新设公司登记一章，明确公司设立登记、变更登记、注销登记的事项和程序；同时要求公司登记机关优化登记流程，提高登记效率和便利化水平。二是充分利用信息化建设成果，明确电子营业执照、通过国家企业信用信息公示系统发布公告、采用电子通信方式召开会议和表决的法律效力。三是扩大可用作出资的财产范围，明确股权、债权可以作价出资。四是放宽一人有限责任公司设立等限制，并允许设立一人股份有限公司。五是完善公司清算制度，明确清算义务人及其责任。六是增加简易注销和强制注销制度，方便公司退出。

完善国家出资公司相关规定。一是设国家出资公司组织机构的特别规定专章，将适用范围由国有独资有限责任公司，扩大到国有独资、国有资本控股的有限责任公司、股份有限公司。二是坚持党对国有企业的领导，强调国家出资公司中中国共产党的组织的领导作用。三是要求国有独资公司董事会成员中外部董事应当过半数。四是规定国有独资公司在董事会中设置由董事组成的审计委员会行使监事会职权的，不设监事会或者监事。五是增加国家出资公司应当依法建立健全内部监督管理和风险控制制度的规定。

完善公司债券相关规定。一是根据《关于国务院机构改革方案的决定》将国家发展改革委企业债券审核职责划入中国证监会的要求，删去国务院授权的部门对公开发行债券注册的规定。二是明确公司债券可以公开发行，也可以非公开发行。三是将发行可转债的公司由上市公司扩大到所有股份有限公司。四是增加债券持有人会议决议效力的规定，增加债券受托管理人相关规定。

问：实施好修订后的公司法要抓紧开展哪些工作？

答：实施好修订后的公司法，意义重大。

公司法修改增加很多新制度，对于方便公司投融资和优化治理具有重要意义，各有关方面要积极做好宣传解读，加快制定配套规定，确保法律正确有效实施。

（来源：人民法院报微信公众号）

司法解释、司法指导性文件与解读

解读《最高人民法院关于适用〈中华人民共和国民法典〉合同编通则若干问题的解释》重点问题

《民法典合同编通则解释》起草工作组*

《最高人民法院关于适用〈中华人民共和国民法典〉合同编通则若干问题的解释》（以下简称《解释》）已于2023年12月5日开始施行。为使《解释》的规定得到正确适用，本文拟对司法解释实施中的部分重要问题进行讨论。

一、关于《解释》的适用范围与时间效力

（一）《解释》的适用范围

在《解释》的序言部分，最高人民法院明确了制定《解释》的目的是“为正确审理合同纠纷案件以及非因合同产生的债权债务关系纠纷案件，依法保护当事人的合法权益”。可见，《解释》不仅适用于合同纠纷案件，也应适用于非因合同产生的债权债务关系纠纷案件。这是

* 起草小组：组长为杨万明、刘贵祥，成员为林文学、段农根、杨永清、吴光荣、陈龙业、蒋家棣。

因为《解释》是就民法典合同编通则的法律适用问题所作的规定，而民法典第四百六十八条明确规定非合同之债在法律没有特别规定的情况下，自应适用民法典合同编通则的有关规定，除非根据该债务的性质不能适用。

值得注意的是，尽管《解释》的适用范围既包括合同之债，也包括非合同之债，但对于非合同之债，《解释》的规定仅具有补充适用的余地，即只有在民法典或者其他法律对非合同之债没有特别规定的情况下，才能适用民法典合同编通则以及《解释》的相关规定。此外，如果民法典合同编通则的规定根据其性质不能适用于非合同之债，则《解释》的相关规定自然也不能适用于非合同之债。

在《解释》的起草过程中，征求意见稿曾一度就非合同之债的法律适用明确作出规定，即非合同之债应当适用民法典及其他法律关于该债权债务关系的具体规定；如果没有具体规定，则应适用民法典合同编通则有关债权债务关系的规定，但是根据其性质不能适用的除外。在讨论中，一种意见认为，民法典第四百六十八条已经对非合同之债的法律适用作出明确规定，没有必要在《解释》中再作规定；另一种意见则认为，尽管民法典第四百六十八条对非合同之债的法律适用已有规定，但未区分民法典合同编通则有关债权债务关系的规定和民法典合同编有关合同权利义务关系的规定，前者当然适用于非合同之债，但后者则只能参照适用于非合同之债（当然，无论是适用还是参照适用，都要排除根据性质不能适用的规定）。经研究，我们认为，由于民法典未设置债法总则，合同编通则确实既包括适用于所有债权债务关系的规则，也包括仅适用于合同关系的规则。就此而言，只有适用于所有债权债务关系的规则才能原则上适用于非合同之债，而仅适用于合同关系的规则，原则上不应适用于非合同之债。也就是说，除根据性质不能适用的外，凡是能够适用于非合同之债的规定，理论上应该都是债法总则的规定，而凡是不能适用于非合同之债的规定，理论上都应是合同总则的规定。

可见，如果区分民法典合同编通则有关债权债务关系的规定和民法典合同编通则有关合同权利义务关系的规定，再将二者分别适用于或者参照适用于非合同之债，就可能会导致以下误解：民法典合同编通则关于合同总则的规定，也应原则上参照适用于非合同之债，除非根据其性质不能适用。基于这一考虑，《解释》未就非合同之债的法律适用进行规定。这就要求法官在适用民法典第四百六十八条时，应严格审查民法典合同编通则的哪些条文属于债法总则，因而原则上可以适用于非合同之债，哪些条文仅仅适用于合同之债，原则上不能适用于非合同之债。

（二）《解释》的时间效力

由于司法解释在本质上代表最高司法机关对被解释的法律的理解，因此，即使司法解释规定了施行日期，但应溯及至被解释的法律施行之时发生效力。就此而言，尽管《解释》自 2023 年 12 月 5 日施行，但是由于《解释》根据民法典制定，自应溯及民法典施行之时发生效力。据此，对于民法典施行后的法律事实引起的民事案件，《解释》第六十九条第二款区分两种情况进行了规定：一是《解释》施行后，该民事案件尚未终审，人民法院应当适用《解释》；二是人民法院对该民事案件在《解释》施行前已作出终审判决，当事人申请再审或者依据审判监督程序决定再审，不适用于《解释》。当事人申请再审或者依据审判监督程序决定再审的案件之所以不适用《解释》，是因为法官都是在特定时空对案件作出判决，如果案件在《解释》施行前已经终审，就意味着人民法院已基于当时对民法典的理解就案涉纠纷作出了终局性的判断，自不能因为《解释》的施行推翻此前已经作出的判断，否则，诉讼就会永无休止，出现大量已经终审的案件因认识水平的提高而被再审。

值得注意的是，《解释》仅就民法典施行后的法律事实引起的民事案件是否适用《解释》作了规定，但从实践的情况看，当前仍有大量案件是民法典施行前的法律事实引起的。对于此类案件是否适用《解释》，《全国法院贯彻实施民法典工作会议纪要》（以下简称《贯彻实施民法典纪要》）第14条指出，如果根据《最高人民法院关于适用〈中华人民共和国民法典〉时间效力的若干规定》（以下简称《时间效力规定》）应当适用民法典的，则应当同时适用民法典相关司法解释，除非该司法解释另有规定。据此，依据《时间效力规定》的规定，如果民法典合同编通则的规定具有溯及既往的效力，则针对该规定的法律适用作出的解释原则上也应具有溯及力，除非司法解释另有规定。就此而言，对于民法典施行前的法律事实引起的民事案件是否适用《解释》，首先要判断待决案件是否应适用民法典合同编通则的相关规定。

需要说明的是，《时间效力规定》仅就民法典对合同法有实质性修改的条文或者新增条文是否具有溯及力进行了规定，对于没有实质性修改的条文，则无须考虑溯及力的问题，因为适用民法典还是适用合同法，在结果上并无差别。当然，从实践的情况看，对于民法典施行前的法律事实引起的民事案件，即使民法典与合同法并无实质差别，也仍有不少法院继续援引合同法作为裁判依据。我们认为，尽管《解释》是依据民法典制定，但如果民法典的规定与合同法的规定并无实质性区别，则可以将《解释》作为理解合同法的依据。也就是说，如果继续援引合同法作为裁判依据，则不能将《解释》的相关规定也作为裁判依据进行援引，因为《解释》是根据民法典制定的，而不是依据合同法制定的。但是，在裁判说理部分，可以将《解释》作为理解合同法相关规定的依据，因为民法典与合同法的规定并无实质性差别。

二、关于合同条款的解释

对合同条款进行解释，是人民法院审理合同纠纷案件时经常遇到的问题。我国民法典第一百四十二条、第四百六十六条对此作了原则性规定。为指导司法实践更加准确地适用合同解释规则，《解释》以民法典

第一百四十二条、第四百六十六条规定为基础，作了细化规定。具体包括以下方面。

（一）关于合同解释的立场

合同解释的基本立场有客观主义与主观主义之分，前者侧重于当事人表示出来的意思，因而有利于相对人，后者侧重于当事人内心的真实意思，因而有利于表意人。有意见指出，我国的合同解释应当采取以客观主义为主，主观主义为辅的原则。这是因为合同解释属于有相对人的意思表示的解释，故而需要考虑相对人的信赖保护问题。亦即，不能片面追求表意人的内心真实意思，而是要更加侧重于相对人所接收到的表意人表达出来的意思。从发展趋势上看，域外立法也逐渐采取了主观主义与和客观主义相结合的思路。因为如完全采取主观主义的思路，将对交易安全造成严重影响，而片面强调客观主义思路，则将背离合同自由原则的基本要求。

基于上述考虑，《解释》第一条第一款、第二款鲜明地体现了以客观主义为主、以主观主义为辅的思路。其中，第一款规定合同解释应当以“词句的通常含义为基础”，既是对民法典第一百四十二条“应当按照所使用的词句”的重申，同时也进一步细化了文义解释的标准，即按照通常理解来确定合同词句含义，使民法典第一百四十二条确立的客观主义的基本立场更加鲜明。第二款的规定则体现了以主观主义为辅的思路。在《解释》起草的过程中，有意见提出，可以对客观主义规则作出适当补充，进一步体现以主观主义为辅的思路，以尊重当事人的真实意思。我们采纳了相关意见，在第二款中规定，当事人之间在订立合同时对合同条款有不同于词句通常含义的其他共同理解的，应当按照该共同理解，即按照表意人和受领人的共同意思确定条款含义。

（二）关于合同解释的方法

《解释》第一条第一款同时对合同解释的一般方法作了补充细化。一是强调文义解释的基础性地位。第一款规定的“以词句的通常含义为基础”，既是对客观主义立场的强调，也是对文义解释基础性地位的申明。这与学界所秉持的在当事人就合同条款含义发生争议时，首先应当按照文义解释的方法对该条款进行解释的思路是一致的。这里所谓的通常含义，是指一般的理性人在相同情境下对特定词句的理解。当然，这里的一般的理性人也可以结合具体情况作进一步限定。例如，如果词句是专业用语，就应当按照该专业领域的通常含义来理解。

文义解释方法居于基础性地位，同时应当结合体系解释、目的解释、习惯解释等方法确定争议条款的含义。因此，《解释》第一条第一款延续了民法典第一百四十二条的表述，强调要结合相关条款、合同的性质和目的、习惯以及诚信原则进行解释。除上述方法外，其他解释方法，尤其是历史解释方法，对于确定意思表示的含义也能发挥重要作用。但考虑到民法典第一百四十二条采取了封闭列举的方式，故《解释》第一条第一款采取列举参考因素的方式予以补充，即增加了缔约背景、磋商过程、履行行为等因素作为合同解释的参考因素。

（三）合同解释的其他特别规则

《解释》第一条第三款还结合司法实践的需要，借鉴域外经验，补充规定了两种合同解释的特别规则，该款前半句规定了合法解释（有效解释）规则，即“对合同条款有两种以上解释，可能影响该条款效力的，人民法院应当选择有利于该条款有效的解释”。意大利、智利等国家的民法典以及《国际商事合同通则》《欧洲合同法原则》等对此均有规定。其主要考虑有以下几个方面：第一，当事人约定合同条款当然是希望其发生效力，而不是不欲其发生效力。第二，当合同条款之间存在矛盾冲突时，从体系解释的角度看，应当尽可能往反映各方真意的方向上调和。第三，按照无效处理，容易导致许多交易被不合理地消灭，影响经济效率。后半句则规定了有利于债务人解释规则，即对无偿合同条款有两种以上解释的，应当选择对债务人负担较轻的解释。从轻解释债务负担，有利于减少经解释确定的合同可能对债务人的损害。同时这一规则也有利于激励作为利益的归属者的债权人尽力完善与自身权利密切相关的合同条款，从而消除或者减少将来影响权利实现的因素。《解释》第一条第三款采纳了学界意见，将有利于债务人规则限定于无偿合同情形，这是因为对有偿合同应按对双方都较为公平的含义解释。

三、关于合同订立中的第三人责任

考虑到民法典第一百四十九条、第一百五十条仅就第三人欺诈、胁迫的合同效力问题进行了规定，未规定当事人因第三人欺诈、胁迫所遭受的损失赔偿。为此，《解释》第五条就合同订立中的第三人责任进行了规定。根据该规定，当事人因第三人欺诈、胁迫所遭受的损失，应由第三人根据过错程度承担赔偿责任；如果当事人一方也有违背诚信原则的行为，也应根据过错大小承担相应的责任。当然，这只是关于当事人和第三人责任的一般规定，在法律、司法解释对当事人与第三人的责任有特别规定时，应优先适用特别规定。例如，《最高人民法院关于审理涉及会计师事务所在审计业务活动中民事侵权赔偿案件的若干规定》（以下简称《会计师事务所侵权司法解释》）就注册会计师在审计业务活动中出具不实报告并给利害关系人造成损失的赔偿责任进行了规定，其中既包括会计师事务所与被审计单位承担连带赔偿责任的情形（第五条），也包括会计师事务所根据其过失大小承担赔偿责任的情形（第六条）。

由于《会计师事务所侵权司法解释》将会计师事务所的责任界定为侵权责任，因此，对于《解释》关于合同订立中第三人承担责任的性质，有两种观点：一种观点认为，该责任是侵权责任；另一种观点则认为，该责任是缔约过程中发生的责任，因此是缔约过失责任。我们的观点是，第三人和当事人一方承担连带赔偿责任须以共同侵权作为责任基础，因此第三人的责任在性质上为侵权责任；在第三人与当事人按照其过错大小承担赔偿责任的情况下，尽管也可以在侵权责任法上寻找责任的基础，但因该责任发生于合同订立过程中，将其作为缔约过失责任的一种情形，可能更符合民法典的体系安排。

值得注意的是，由第三人承担缔约过失责任并非仅见于第三人欺诈、胁迫导致合同被撤销的场合。从比较法的角度看，根据2001年修订后的德国民法典第311条第3项的规定，如果债之关系的发生系基于对第三人的特别信赖，则该第三人也应对因其过错引起的损失承担缔约过失责任。在《解释》的起草过程中，我们也曾试图借鉴这一规定，就第三人的缔约过失责任作出更加全面的规定。在2022年11月4日向全社会发布的《解释》征求意见稿第六条中，除规定第三人实施欺诈、胁迫导致合同当事人受到损失时，应根据其过错承担赔偿责任外，第六条第二款还明确规定“合同的订立基于对第三人的特别信赖或者依赖于第三人提供的知识、经验、信息等，第三人实施违背诚信原则的行为或者对合同不成立、无效、被撤销或者确定不发生效力有过错，受有损失的当事人请求第三人承担赔偿责任的，人民法院应予支持”。对于这一规定，尽管理论界并无不同意见，但对于是否有必要规定在《解释》中，则存在两种截然不同的观点：一种观点认为，由于第三人承担的责任在性质上属于侵权责任，因此，不应规定在《解释》中，而应规定在侵权责任编的相关司法解释中；另一种观点则强烈建议在《解释》中对此作出规定，理由是第三人承担的是缔约过失责任，且即使构成侵权，由于该责任发生在合同订立过程中，侵权责任编的相关司法解释可能也难以顾及。考虑到对这一问题的争议太大，我们删除了上述规定，仅保留了关于第三人实施欺诈、胁迫导致合同当事人遭受损失时应承担赔偿责任的规定。

从民法典侵权责任编的立法体例看，对于过错责任确实采取的是类似法国民法的“大一般条款”，因为依据民法典第一千一百六十五条第一款的规定，只要“行为人因过错侵害他人民事权益造成损害的”，就应当承担侵权责任。据此，将合同订立中的第三人责任界定为侵权责任，并没有问题。值得注意的是，尽管我国民法对于侵权责任采取的是“大一般条款”，但却同时借鉴德国民法，规定了缔约过失责任。德国民法之所以承认缔约过失责任，是因为德国民法典对于侵权责任，采取的是三个“小一般条款”，即区分权益类型分别规定构成要件：对于绝对权受到侵害发生的损失，仅须行为有过失即应承担侵权责任，但对于其他民事权益受到侵害发生的损失，则须以行为人违反保护他人的法律或者行为人以恶意背俗的方式实施侵权行为作为构成侵权责任的要件。由于当事人在缔约过程中发生的损失主要是纯粹经济损失，在欠缺保护他人的法律规定或者难以证明行为人系以恶意背俗的方式实施行为时，受害人将很难基于侵权责任获得救济，因而有特别规定缔约过失责任的必要。

可见，从理论上看，如果对侵权责任采取“大一般条款”，确实无须承认缔约过失责任。我国民法既然采取的是“大一般条款”，自也无须承认缔约过失责任，当然也就无须规定第三人的缔约过失责任。但是，既然民法典在侵权责任之外，又规定了缔约过失责任，也就表达了立法者希望特别关注缔约过程中行为人的责任，而这恰恰也是耶林提出缔约过失责任理论的初衷所在，即当事人进入到缔约阶段后，彼此所负的注意义务已经不同于一般情况下的注意义务。就此而言，尽管《解释》仅保留了第三人实施欺诈、胁迫时应承担赔偿责任的规定，而未对第三人的缔约过失责任作出全面规定，也应对合同订立中的第三人责任给予足够的关注。也就是说，无论是通过适用民法典第一千一百六十五条规定还是通过民法典第五百条规定保护交易安全，都应看到缔约过程中的当事人或者第三人都应负有特别的注意义务，因违反该义务造成他人损失，就应根据其过错程度承担相应的赔偿责任。

四、关于预约合同的法律适用

预约合同是区别于本约合同而存在的一类特殊合同。从实践的情况看，预约合同广泛存在于较为复杂一些的交易中。尽管民法典在吸收《最高人民法院关于审理买卖合同纠纷案件适用法律问题的解释》（以下简称《买卖合同解释》）第二条的基础上就预约合同作出了规定，但在实践中，对于预约合同的认定、违反预约合同的标准以及当事人违反预约合同应承担什么违约责任，均存在难以把握之处。因此，《解释》第六条至第八条就预约合同的法律适用进行了全面规定。

（一）关于预约合同的认定

从表述看，民法典第四百九十五条与2012年施行的《买卖合同解释》第二条存在一些不同，例如，后者将意向书和备忘录明确列举为预约合同的表现形式，而前者则仅列举了认购书、订购书、预订书作为预约合同的表现形式。之所以如此，是因为实践中的意向书和备忘录，有相当一部分仅仅表达的是当事人未来进行交易的意向，而非预约合同，对当事人没有法律约束力，立法者担心将意向书、备忘录明确列举为预约合同的表现形式，容易产生误解。这就带来一个问题：意向书、备忘录等文件何时构成预约，何时只是交易的意向？此外，认购书、订购书、预订书等是否一定都是预约合同？

我们认为，就预约合同和交易意向的区别而言，文件的名称并不重要，重要的是其内容是否满足预约合同的成立条件。即使当事人采用认购书、订购书、预订书等形式，但如果其内容不满足预约合同的成立条件，也不能认定为预约合同。相反，即使当事人采取的是意向书、备忘录等形式，但如果其内容已经满足预约合同的成立条件，也应认定为预约合同。问题是，预约合同成立的条件是什么呢？从理论上讲，预约合同是合同的一种，其成立也应具备一般合同成立的条件。但是，预约合同又比较特殊，因为其标的是将来一定期限内订立本约合同，而本约合同的订立仍需要当事人另行达成合意，自然不能完全依据本约合同的成立条件来认定预约合同是否成立。据此，《解释》第六条第一款将当事人为将来一定期限内订立合同而达成的合意是否具备将来所要订立合同的主体、标的等内容，作为判断该合意是否构成预约合同的标准。之所以如此，是因为当事人如果已就将来所要订立合同主体、标的等达成一致，也就意味着“内容具体确定”，且当事人须受意思表示的约束。至于将来所要订立合同的数量、价款或者报酬等，完全可以等当事人在订立本约合同时进行磋商，没有必要将其作为预约合同的成立条件。

当然，尽管《解释》对预约合同的成立条件要求不高，但从实践的情况看，有些认购书、订购书、预订书乃至意向书、备忘录等在内容上很完整，不仅包含将来所要订立合同的主体、标的，而且包括数量、价款或者报酬等，甚至对履行期限、争议解决方式等都作了约定。从形式上看，这些文件已经具备本约合同的成立条件，有的甚至比一般的本约合同的内容还完备。在此情形下，能否认定本约合同已经成立？我们认为，无论当事人之间的约定在内容上如何完整，只要当事人约定将来一定期限还要订立本约合同，则这些文件在性质上就只能界定为预约合同而非本约合同，因为当事人对于是否将交易推进到本约阶段实际上保留了最终决策权。不过，虽然当事人订立的是预约合同，但如果一方已经根据本约合同履行了义务且对方接受，则应认为当事人通过行为已经成立本约合同。例如，《最高人民法院关于审理商品房买卖合同纠纷案件适用法律若干问题的解释》（2020 年 12 月 29 日修正，以下简称《商品房买卖合同解释》）第五条规定：“商品房的认购、订购、预订等协议具备《商品房销售管理办法》第十六条规定的商品房买卖合同的主要内容，并且出卖人已经按照约定收受购房款的，该协议应当认定为商品房买卖合同。”之所以如此，是因为收受购房款的行为是履行本约合同而非预约合同的行为，既然预约合同在内容上已经具备本约合同的成立条件，且当事人已经依据本约合同在履行义务且对方接受，自应认定本约合同成立。《解释》第六条第三款将此提升为一般规则，即当事人虽然约定将来一定期间仍要订立本约合同，但如果当事人一方已实施履行行为且对方接受，就应当认定本约合同已经成立。

需要注意的是，如果当事人为担保将来订立合同交付了定金，则意味着当事人已经就将来一定期限内订立合同达成合意，故应根据《解释》第六条第一款认定预约合同已经成立，但由于交付的是定金而不是合同价款，因此不能认为本约合同已经成立。既然立约定金的交付意味着当事人之间存在预约合同关系，那么立约定金也可以看作是违反预约合同的违约定金。

（二）关于违反预约合同的标准

预约合同成立后，当事人即负有订立本约合同的义务。问题是，在本约合同的订立仍须当事人达成合意的情况下，究竟如何判断当事人是否违反该义务呢？是否只要没有最终订立本约合同，就构成对预约合同的违反呢？此时又如何判断究竟是哪一方构成违约呢？这些都是实践中必须回答的疑难问题。

以立约定金的法律适用为例，《最高人民法院关于适用〈中华人民共和国担保法〉若干问题的解释》第一百一十五条规定：“当事人约定以交付定金作为订立主合同担保的，给付定金的一方拒绝订立主合同的，无权要求返还定金；收受定金的一方拒绝订立合同的，应当双倍返还定金。”可见，根据该条规定，只有在一方拒绝签订本约合同的情况下，该当事人才构成对预约合同的违反。但问题是，实践中常常发生的情况是当事人并未明确拒绝签订本约合同，而是在磋商订立本约合同的过程中因双方无法达成一致导致本约合同没有订立。此时是否就不存在当事人违反预约合同的问题？

为解决商品房买卖中立约定金的法律适用问题，《商品房买卖合同解释》第四条区分“因当事人一方原因未能订立商品房买卖合同”和“因不可归责于当事人双方的事由，导致商品房买卖合同未能订立”两种情况，认为前者构成违反预约合同，应适用定金罚则；后者则不构成违反预约合同，当事人可以请求解除预约合同并返还定金。尽管这一司法解释为违反预约合同的认定提供了更加全面的规则，但从实践的情况看，法官对于究竟是当事人一方的原因还是不可归责双方的原因导致商品房买卖合同未能订立，还是存在难以把握的问题。

经过反复研究，我们认为，当事人违反预约合同的表现有两种：一是明确拒绝订立本约合同；二是在磋商订立本约合同的过程中违背诚信原则导致本约合同未能订立。据此，《解释》第六十七条第二款规定，如果当事人交付的是立约定金，则在一方拒绝订立合同或者其在磋商订立合同时违背诚信原则导致未能订立合同的情况下，对方可以主张适用定金罚则。

实践中，对于当事人一方拒绝订立本约合同较为容易作出判断，但对于当事人一方在磋商订立本约合同的过程中违背诚信原则导致本约合同未能订立，仍较为难以作出认定。为此，《解释》第七条一方面规定了违反预约合同的两种情形（第一款），同时也就当事人违背诚信原则导致本约合同未能成立的情形进行了规定（第二款）。例如，当事人在预约合同中没有约定价款或者报酬，则意味着当事人应根据市场价格或者政府指导价磋商订立本约合同。如果当事人一方的报价明显超过市场价格或者政府指导价，并最终导致本约合同未能订立，就应认定该当事人违背诚信原则。此外，即使当事人一方的报价虽然没有明显超过市场价格或者政府指导价，但却明确表示拒绝讨价还价，也应认定其违背诚信原则，因为他没有尽到合理努力进行协商，从而导致本约合同未能成立。

（三）关于违反预约合同的后果

民法典第四百九十五条第二款规定："当事人一方不履行预约合同约定的订立合同义务的，对方可以请求其承担预约合同的违约责任。"问题是，根据民法典第五百七十七条的规定，承担违约责任的方式有继续履行、采取补救措施或者赔偿损失等，这些救济方式是否均适用于预约合同？尤其是继续履行作为违约责任的承担方式，是否也可以适用于预约合同？对此，理论界和实务界均存在不同的看法。一种意见认为，预约合同为合同的一种，自应有适用民法典第五百七十七条规定之余地，故不能排除继续履行作为违反预约合同的救济方式；另一种意见认为，当事人订立本约合同的义务是一种非金钱债务，且属于民法典第五百八十条第一款第二项规定的"债务的标的不适于强制履行"的情形，故在一方违反预约合同时，对方不能请求其继续履行。我们认为，从《解释》对预约合同的体系定位看，不宜将继续履行作为承担违反预约之违约责任的方式。如前所述，预约合同的标的是将来一定期间订立本约合同，而本约合同仍需要当事人另行达成合意，如果订立预约合同就必须签订本约合同，则不仅违背当事人的真实意思，而且将导致预约合同制度的功能丧失殆尽，因为当事人之所以先签订预约合同再签订本约合同，目的是要保留将交易推进到本约的决策权。例如，一些国家或者地区采取"两步并作一步"的方式对违反预约合同进行救济，即允许守约方在同一诉讼中同时请求违约方继续履行订立本约的义务并请求违约方履行本约合同，其结果是签订预约合同就等于签订了本约合同，实则架空了预约合同。

《解释》虽然没有明确规定当事人一方违反预约合同，对方不能请求继续履行，但由于《解释》第八条第一款仅规定"预约合同生效后，当事人一方不履行订立本约合同的义务，对方请求其赔偿因此造成的损失的，人民法院依法予以支持"，因此，也就间接表达了不支持继续履行的态度。当然，如此一来，如何计算违反预约合同的损失赔偿额，就成为一个极为重要的问题，因为不少人之所以赞同对违反预约合同采取继续履行的救济措施，在一定程度上就是考虑到实践中对违反预约合同的损失赔偿往往较少，有些法院为区分预约合同和本约合同，甚至仅根据订立本约合同过程中的信赖利益对违反预约合同的损失进行赔偿。

我们认为，为区分预约合同和本约合同，确有必要限制违反预约合同的赔偿范围，不能一概按照本约合同的履行利益来计算违反预约合同的损失赔偿额，但是，如果仅根据订立本约合同过程中的信赖利益来赔偿违反预约合同造成的损失，又可能导致预约合同的价值和功能被架空，因为即使没有预约合同，当事人在订立本约合同的过程中存在不诚信的行为，也应根据民法典第五百条规定承担缔约过失责任，而缔约过失责任的赔偿范围就是信赖利益。为了实现预约合同的制度功能，同时又将预约合同和本约合同区分开来，我们认为，在当事人一方违反预约合同的情况下，人民法院应当根据预约合同所体现的交易成熟度在订立本约合同时的信赖利益和本约的履行利益之间进行酌定。问题是，预约合同所体现的交易成熟度如何认定呢？考虑到预约合同是交易阶段化的表现，预约合同的内容越完整，就意味着当事人已经达成的共识更充分，在订立本约合同时保留的决策空间越窄，交易的成熟度也就越高。相反，如果预约合同的内容很简单，就意味着当事人需要在订立本约合同时进行协商一致的事项很多，当事人保留的决策空间更大，交易的不确定性更高，因此交易的成熟度也更低。此外，预约合同所体现的交易成熟度还取决于订立本约合同的条件是否已经成就，如果当事人先订立预约合同是因为订立本约合同的条件尚不成就，则意味着预约合同的交易成熟度不高。反之，如果订立预约合同时已经具备订立本约合同的条件，则意味着预约合同的成熟度较高。基于此，《解释》第八条第二款就交易成熟度的判断标准进行了规定。

五、关于合同违法无效的司法认定

关于合同是否因违反强制性规定而无效，在我国经历了从宽松到限制的发展过程。尽管合同法第五十二条第五项将导致合同无效的强制性规定限制在法律、行政法规的强制性规定，但因没有设置例外规定，以致司法实践曾“一刀切”地以违反法律、行政法规的强制性规定为由认定合同无效。合同法施行后，最高人民法院在总结经验的基础上，采纳理论界关于区分效力性强制性规定与管理性强制性规定的意见，通过《最高人民法院关于适用〈中华人民共和国合同法〉若干问题的解释（二）》（以下简称《合同法解释二》）第十四条将导致合同无效的强制性规定限制在效力性强制性规定。民法总则第一百五十三条第一款虽然没有采用效力性强制性规定的表述，但通过“但书”规定除外条款，同样表达了合同违反强制性规定并不必然无效的立场。

尽管合同违反强制性规定并不必然导致无效的观点已经成为共识，但是，何种情形下违反强制性规定不影响合同效力，仍然是困扰司法实践的疑难问题。《合同法解释二》施行后，最高人民法院就在不断探索区分效力性强制性规定与管理性强制性规定的标准，试图找到一个具有可操作性的解决方案。但是，从实践的情况看，这一努力并未取得理想的效果，相反还导致了一些望文生义或者倒果为因的问题。经研究，我们认为，某一强制性规定究竟是效力性强制性规定还是管理性强制性规定，需要法官基于强制性规定的规范目的进行判断，即是否必须通过否定合同效力来实现强制性的立法目的：如果仅须当事人承担行政责任或者刑事责任，就可以实现强制性规定的目的，而无须认定合同无效，则该强制性规定就是管理性强制性规定；相反，如果仅由行为人承担行政责任或者刑事责任，不足以实现强制性规定的立法目的，就应认定该强制性规定是效力性强制性规定。由于规范目的的判断存在较大的主观性，因此理论上也很难预设一个客观标准来判断某一强制性规定究竟是效力性强制性规定还是管理性强制性规定。当然，这并不意味着区分管理性强制性规定和效力性强制性规定没有意义。至少从前面谈到的规范目的看，无论是合同法第五十二条第五项还是民法典第一百五十三条第一款，都应理解为衔接公法与私法的桥梁或者管道，即只有违反的是公法上的强制性规定，才能适用合同法第五十二条第五项或者民法典第一百五十三条第一款认定合同效力，因为只有违反的是公法上的强制性规定，才存在行政责任或者刑事责任的问题。与此不同，私法上的强制性规定虽然也大量使用“不得”“必须”“应当”等表述，但大多并非行为意义上的强制性规定，而是权限性的规定。也就是说，当事人一方违反该规定，仅仅意味着其施行的行为构成无权处分、无权代理、越权代表等，有时则意味着对方当事人或者第三人据此获得合同撤销权、解除权等民事权利。此时，显然不能适用合同法第五十二条第五项或者民法典第一百五十三条第一款规定来认定合同效力，而应根据民法典就无权处分、无权代理、越权代表等作的规定认定合同效力，或者依据民法典关于该行为的法律后果来认定合同效力。关于这一点，《解释》第十八条已有明确规定，此处不作赘述。

需要说明的是，根据法秩序统一的要求，既然合同违反了公法上的强制性规定，且行为人须承担相应的公法责任，那么原则上也需要从民法上否定合同的效力，因为只有如此，才能形成合力，共同落实强制性规定的规范目的。当然，有原则就有例外，同样是基于法秩序统一的原理，如果否定合同效力不符合比例原则或者诚信原则，自然要限制当事人以违反强制性规定为由请求确认合同无效的主张。比例原则原是公法上的一项重要原则，现在也大量运用于民法。比例原则要求目的和手段应成比例，在行为违法的情节和后果显著轻微，由行为人承担行政责任或者刑事责任能够实现强制性规定的规范目的，且否定合同效力将导致有失公平公正时，自然不能轻易否定合同效力。另外，诚信原则是民法上的“帝王条款”，如果当事人一方在订立合同时虽然违反强制性规定，但事后已经具备补正的条件，却违反诚信原则不予补正，自应限制当事人主张合同因违反强制性规定而无效。可见，无论是比例原则还是诚信原则，都是为了实现更高层次的法秩序统一。此外，尽管区分效力性强制性规定与管理性强制性规定较为复杂，但依据强制性规定的保护范围和规制对象来考察强制性规定的目的，进而判断当事人是否能够以违反强制性规定为由主张合同无效，也是已经形成普遍共识的途径。也就是说，如果强制性规定保护的是国家的税收、土地出让金等国家利益或者第三人的合法权益而不是当事人的民事权益，就意味着当事人不属于强制性规定的保护范围，则在认定合同有效不影响强制性规定的目的实现时，当事人主张合同因违反强制性规定而无效就不应获得支持。同理，如果强制性规定规制的是一方当事人而非双方当事人，且在一方违反强制性规定的情况下，对方无能力或者无义务知道其存在违反强制性规定的情况，认定合同因违反强制性规定而无效就可能导致一方违法的后果由对方来承担，这显然是不公平的。

总之，合同违反法律、行政法规的强制性规定，应原则上认定合同无效，仅在有上述几种例外情形时，才能认定合同有效。《解释》第十六条第一款对这些例外情形作了列举式的规定，既便于操作，也更有利于法律秩序的统一。此外值得注意的是，合同因违法无效，仅仅适用于合同内容违反法律、行政法规的强制性规定，如果合同内容并不违反强制性规定，而是合同成立后的履行行为违反强制性规定，则原则上不能简单认定合同因违法无效。当然，如果当事人在订立合同时明知合同的履行行为将违反强制性规定，此时就应当认定合同无效。

六、关于以物抵债协议的效力与履行

民法典施行前，因以物抵债引起的纠纷即已备受关注，主要原因有两个：一是有些以物抵债涉嫌虚假诉讼；二是有些以物抵债可能与让与担保有关。实践中，当事人达成以物抵债的调解协议并请求人民法院制作调解书是较为常见的情形，但是，这也是虚假诉讼的重灾区。有的当事人通过虚假诉讼取得以物抵债调解书，据此在其他案件中主张优先保护或者请求排除人民法院对抵债物的强制执行；还有的当事人通过虚假诉讼取得以物抵债调解书，据此办理财产权利的变更登记或者移转登记，从而规避国家的税收征管。为打击虚假诉讼，有的地方法院出台了一些措施，以当事人达成的以物抵债协议是实践性合同为由，认为人民法院不应仅仅根据以物抵债协议制作调解书，在抵债物未交付债权人的情况下，也不应根据人民调解组织出具以物抵债调解协议制作司法确认书，以防止当事人通过以物抵债损害他人的合法利益或者规避国家的公共管理政策。《第八次全国法院民事商事审判工作会议（民事部分）纪要》第 16 条就当事人达成以房抵债并请求制作调解书的问题作出了明确规定，要求人民法院严格审查以房抵债协议是否在平等自愿的基础上达成，且如果协议存在重大误解或者显失公平，应当释明当事人是否撤销协议；如果当事人利用协议损害其他债权人利益或者规避公共管理政策，就不能制作调解书；如果构成虚假诉讼，就要根据民事诉讼法及其司法解释的规定处理；如果涉嫌犯罪，则应移送刑事侦查机关处理。此外，《全国法院民商事审判工作会议纪要》（以下简称《九民会纪要》）第 44 条对以物抵债作了规定，要求人民法院着重审查协议是否存在损害第三人合法权益的情形，并对当事人在二审程序撤回上诉进行了限制。

我们认为，上述司法政策虽然有利于防止虚假诉讼的发生，但却无法从根本上解决虚假诉讼问题。从根本上看，当事人之所以选择通过虚假诉讼获得以物抵债调解书，是因为以物抵债调解书在实践中被理解为物权法第二十八条（民法典第二百二十九条，下同）规定的能够引起物权发生变动的法律文书。根据物权法第二十八条的规定，如果是因人民法院的法律文书引起的物权变动，则物权应自法律文书生效时即发生变动。据此，如果将以物抵债调解书理解为能够引起物权发生变动的法律文书，则自调解书生效时，债权人即已取得抵债物的所有权。问题是，以物抵债调解书是否属于能够引起物权变动的法律文书呢？物权法施行后，最高人民法院曾在相关的研究意见中明确指出：“以物抵债调解书只是对当事人之间以物抵债协议的确认，其实质内容是债务人用以物抵债的方式来履行债务，并非对物权权属的变动。因此，不宜认定以物抵债调解书能够直接引起物权变动。”在我们看来，调解书仅仅是对调解协议的确认，而调解协议仅在当事人之间产生债权债务关系，本身并不能引起物权发生变动。物权要发生变动，除了要求当事人达成以物抵债协议外，还要办理法定的公示方式。此外，即使当事人已经完成法定的公示方式，但如果抵债人对标的物欠缺处分权，债权人是否能够取得标的物的所有权，也须取决于是否满足善意取得的条件。

总之，一旦将以物抵债调解书排除在能够直接引起物权变动的法律文书之外，则当事人通过虚假诉讼取得以物抵债调解书的动因就不复存在，虚假诉讼也就从根本上得到了遏制，而无须将以物抵债协议界定为实践性合同，再据此限制人民法院就以物抵债协议制作调解书或者司法确认书。正因如此，《解释》第二十七条一方面明确规定以物抵债协议是诺成性合同而非实践性合同，同时指出人民法院基于当事人之间达成以物抵债协议而制作的调解书或者司法确认书并非能够直接引起物权发生变动的法律文书。至于以物抵债协议与原债权债务之间的关系，《解释》第二十七条采取的是新债清偿理论，即只有在债务人或者第三人履行以物抵债协议后，相应的原债务才同时消灭；如果债务人或者第三人未按照约定履行以物抵债协议，且经催告后在合理期限内仍不履行，则债权人可以选择请求履行原债务或者以物抵债协议。当然，按照新债清偿理论处理以物抵债协议与原债权债务之间的关系，须以当事人对二者的关系没有约定或者法律没有特别规定为前提，如果当事人对此已有明确约定（如债的更改），或者法律对此作了特别规定，则不能适用新债清偿理论。

需要指出的是，《解释》第二十七条之所以将以物抵债协议限制在债务履行期限届满后，是因为债务履行期届满前达成的以物抵债因涉嫌让与担保，其效力备受争议。从实践的情况看，当事人在债务履行期届满前达成以物抵债，其目的确实往往是为债权债务关系提供担保；而且，如果抵债物的价值高于所担保的债权数额，以物抵债协议就可能涉嫌流质或者流押。问题是，即使构成流质或者流押，是否以物抵债协议就因此无效呢？答案显然是否定的，因为民法典已就流质或者流押的效力问题作了明确规定。例如，民法典第四百零一条规定："抵押权人在债务履行期限届满前，与抵押人约定债务人不履行到期债务时抵押财产归债权人所有的，只能依法就抵押财产优先受偿。"据此，《最高人民法院关于适用〈中华人民共和国民法典〉有关担保制度的解释》（以下简称《民法典担保制度解释》）第六十八条就让与担保的效力作出了明确规定。值得注意的是，债权人根据民法典第四百零一条主张就抵债物优先受偿，须以完成公示方式从而形成让与担保为前提，如果当事人未完成公示方式，就没有形成让与担保的物权关系，而仅仅是让与担保合同关系，债权人自然不能主张优先受偿。关于这一点，不仅《民法典担保制度解释》第六十八条设有明文规定，《解释》第二十八条第三款亦明确规定，如果债务人或者第三人未完成法定的公示方式，则债权人无权主张优先受偿；如果债务人或者第三人已完成法定的公示方式，则应依据《民法典担保制度解释》第六十八条的规定处理。

七、关于管辖协议、仲裁协议与代位权诉讼的管辖和主管

债务人和相对人之间的债权债务关系订有管辖协议、仲裁协议时如何确定代位权诉讼的管辖和主管问题，是司法实践中法律适用不统一的突出问题。《解释》第三十五条第二款和第三十六条针对这一问题作了规定。

（一）代位权诉讼与管辖协议

关于代位权诉讼是否应受到债务人与相对人之间管辖协议的约束，理论和实务上有不同的认识。一种观点认为，代位权诉讼提起前，债务人与相对人之间事先签订管辖协议的，则应当由协议管辖法院予以管辖。另一种观点认为，确定债权人代位权诉讼的管辖时不应受到债务人与其相对人之间协议管辖的约束。《解释》第三十五条第二款采纳后一种观点，主要考虑了以下因素：一是合同相对性原则。债权人并非管辖协议的当事人，故不应受到该债务人与其相对人之间协议管辖条款的约束。二是当事人的过错。代位权诉讼之所以发生，系因债务人怠于行使其对相对人的权利影响债权人到期债权的实现，而相对人又没有主动履行其对债务人负担的债务。可见债务人与相对人都有一定过错，此时应当优先保护债权人的合法权益，否则将背离诚信原则。代位权诉讼适用一般地域管辖的规则已经充分考虑了相对人的管辖利益，如果再要求债权人行使代位权要受管辖协议约束，不利于当事人之间的利益平衡，有过度保护之嫌。三是代位权的性质。代位权系债权人基于法律的直接规定，以自己的名义向相对人行使本属于债务人的权利，性质上既不同于代理权也不同于债权转让。对于债权人而言，其行使代位权只需要知道债务人怠于行使债权即可，无须了解债务人与相对人之间有无管辖协议，否则将极大增加债权人行使代位权的调查成本。

（二）代位权诉讼与仲裁协议

关于代位权诉讼是否受到债务人与相对人之间仲裁协议的影响，理论和实务中也存在认识分歧。一种观点认为仲裁协议意味着债务人和相对人之间约定排除了人民法院对双方纠纷的管辖权，所以代位权诉讼应当受到仲裁协议的约束。另一种观点认为代位权诉讼不应当受到债务人与相对人之间仲裁协议的约束，不然将导致民法典代位权制度被实质架空。《解释》第三十六条采取了相对折中的方案，以仲裁协议不能排除代位权行使为一般规则，同时为了体现仲裁协议完全不同于管辖协议，特别是对债务人的相对人通过仲裁解决纠纷方式的尊重，规定如果债务人或者其相对人在首次开庭前申请仲裁，人民法院可以中止代位权诉讼。

规定仲裁协议原则上不影响债权人提起代位权诉讼，主要是基于以下考虑：第一，确保民法典立法目的的实现。民法典第五百三十五条明确规定代位权只能通过诉讼方式行使，如果允许仲裁协议排除代位权的行使，势必会将民法典规定的代位权制度“架空”。因为当事人可以通过订立仲裁协议，甚至倒签仲裁协议来阻却债权人提起代位权诉讼。在民法典编纂过程中，曾研究过将代位权的行使方式扩及于仲裁，但有意见认为，因为债权人与相对人之间并没有仲裁协议，故即使规定了代位权仲裁，仲裁机构也无法受理。第二，维护司法政策的稳定性。代位权诉讼不受仲裁协议影响，是最高人民法院一贯坚持的立场。《最高人民法院关于适用〈中华人民共和国合同法〉若干问题的解释（一）》第十三条规定债务人怠于行使权利是指不以诉讼或者仲裁方式主张权利，已经隐含了代位权行使不受仲裁协议约束的意思。同时，最高人民法院也曾就这一问题在〔2013〕民二他字第 19 号中明确作出答复。第三，契合代位权的权利性质。代位权源自法律的直接规定，属于法定权利，只要符合民法典规定的代位权成立条件，债权人就可以行使该权利。代位权是债权人以自己的名义行使的权利，不同于以他人名义行使的代理权，属于债权人固有的权利。债权人行使代位权时，债务人对其相对人的权利并未丧失，因此债权人代位权不属于“债务人权利的默示让与”，故不存在仲裁协议也由债权人继受的法理基础。第四，维护意思自治。由于代位权诉讼并非合同一方当事人诉请另一方当事人偿还债务，虽然债务人与相对人之间存在仲裁协议，但在形式上债权人与债务人的相对人之间缺乏直接的合同法律关系，故债务人与相对人之间签订的合同中约定的仲裁条款对债权人并无约束力，仲裁协议不能对抗债权人代位权诉讼的法定管辖，否则等于强迫债权人接受自己未订立的协议。第五，贯彻公平原则。代位权诉讼的提起，根本原因在于债务人没有履行其对债权人负担的债务，且怠于行使对相对人享有的债权，而相对人也没有主动履行对债务人负担的债务，导致债权人债权的实现受到影响。因此，债务人、相对人对债权人遭受的债务迟延履行均有过错，应当承担相应的不利益。故在此情况下，价值导向上应该优先保护债权人的利益，允许债权人行使代位权，否则对债权人不公平。

尽管有以上理由，但无论如何，“代位权”毕竟是“代”债务人的“位”，故对债务人与其相对人之间的仲裁协议也应当尊重，这是由仲裁协议完全不同于管辖协议的特殊性决定的。这种特殊性主要体现在，一旦有仲裁协议，人民法院对案件就不能主管，而管辖协议无论如何约定，法院对案件是能主管的，只是当事人约定的管辖法院可能不同于没有约定的管辖法院，故《解释》第三十六条规定，如果债务人或者相对人申请仲裁的，代位权诉讼可以依法中止审理。我们认为，这样规定很好地平衡了债权人和债务人的相对人之间的利益，是目前能够想到的最佳方案。本条将债务人或者相对人申请仲裁的时间点限制为首次开庭前，主要参考了仲裁法第二十六条的规定。作此限制有利于促进当事人及时申请仲裁，避免程序空转，浪费司法资源，增加当事人诉累，也有利于树立正确价值导向，避免对有一定过错的债务人、相对人的过度保护。

八、关于撤销权诉讼胜诉后债权人债权的实现路径

如何在遵守入库规则的前提下，妥善解决债权人在撤销权诉讼胜诉后的债权实现问题，是实务界和理论界普遍关心关注的问题。在编纂民法典以及起草《解释》时，曾研究过撤销权诉讼与代位权诉讼合并提起的思路。后考虑到该方案争议较大，且过于复杂、不便操作，故被放

弃。最终，《解释》第四十六条采取了通过执行程序实现债权人债权的思路。具体言之，当债权人获得撤销权诉讼的胜诉判决，且拥有对债务人的执行依据，就形成了相对人向债务人给付、债务人向债权人给付的连环给付关系，为确保实现债权人的胜诉利益，在执行程序中可以直接赋予债权人向债务人的相对人申请执行的权益，实现审判程序与执行程序的有效衔接。围绕债权人债权的实现，《解释》第四十六条分别规定了三个层次的内容。

（一）细化债权人撤销权的法律效果

《解释》第四十六条第一款在民法典第五百四十二条规定债务人的行为被撤销后“自始没有法律效力”的基础上，规定债权人可以在撤销权诉讼中同时请求相对人承担向债务人返还财产、折价补偿、履行到期债务等法律后果。这一规定明确了债权人撤销权诉讼可以产生两个方面的法律效果：一是撤销债务人行为的效力；二是由相对人向债务人返还财产等的效力。这一规定是在总结司法实践通行做法和吸收理论界主流观点的基础上作出的。在司法实践中，绝大多数法院都认为撤销权诉讼需要在撤销的同时处理给付或者返还问题。有关调研成果显示，同时判决撤销与返还财产的案件达到了85%。在理论界，一般也认为撤销权是形成权和请求权的复合。本款实际上明确了债权人取得撤销权诉讼的胜诉判决后债务人对相对人享有的权利，从而构成第三款中规定代位执行该权利的前提和基础。

在适用时需要注意，该款仍然秉持入库规则，具体而言：第一，债权人只能请求相对人向债务人承担因诈害行为被撤销而产生的返还财产、折价补偿、履行到期债务等相应法律后果，并不能直接请求债务人的相对人向自己履行义务。第二，即使债权人的债权未到期，债权人在请求撤销债务人的行为时，仍然可以同时请求相对人向债务人履行。因为债权人提起撤销权诉讼的目的是恢复债务人的责任财产以保全债权，主债权到期也并非债权人行使撤销权的必要条件。

（二）明确撤销权诉讼中对债权人与债务人之间债权债务的审理问题

通过嫁接代位执行的方式来实现债权人撤销权诉讼的胜诉权益，还需要有另外一个前提，即债权人拥有对债务人的执行依据。基于有利于一次性解决纠纷的考虑，《解释》第四十六条第二款规定，债权人提起撤销权诉讼时可以同时请求同一人民法院审理其与债务人之间的债权债务关系。在实务中需要注意的是，合并审理也不意味着债权人可以以此突破有关管辖的规定，故该款规定了“属于该人民法院管辖”的限制条件。同时，该款还进一步规定，如果债权人与债务人之间的债权债务关系纠纷不属于受理代位权诉讼的人民法院管辖范围的，应当告知债权人向有管辖权的人民法院另行起诉。

（三）通过执行程序实现债权人的债权

《解释》第四十六条第三款规定了债权人债权的实现途径。即债权人可以根据其与债务人之间的诉讼，以及撤销权诉讼产生的生效法律文书申请强制执行，此时人民法院可以针对债务人对相对人享有的权利采取强制执行措施，从而实现债权人的债权。据此，债权人可以根据上述主债权执行依据、撤销权判决的组合，在执行程序中直接实现其债权。具体言之，由于债权人对债务人拥有执行依据，就可以执行债务人的财产，包括债务人对他人享有的权利。而债权人撤销权诉讼的胜诉判决又直接认可了债务人对相对人享有要求返还财产、折价补偿、履行到期债务等权利。因此，债权人可以根据其对债务人拥有执行依据，直接执行债务人对相对人享有的权利来实现自己的债权。如此则既解决了债权人债权的实现问题，又不违反债权人撤销权的入库规则。因为在执行时如果符合有关参与分配或者破产的相应规定的，仍然应当按照相应规定办理。第三款还规定债权人可以申请对相对人的财产采取保全措施，旨在通过与保全规则的衔接，进一步激发债权人行使撤销权的积极性。

九、关于债权转让中对债务人和受让人权益的保护

债权转让中涉及三方当事人，因此必然会产生第三人利益的保护问题。相对于原债权债务关系而言，受让人是第三人，其系基于对原债权债务关系的信赖而受让债权，有关权益应当依法得到保护。相对于债权转让协议而言，债务人是第三人，不能因债权转让而增加债务人的负担。《解释》第四十八条至第五十条的基本意旨，就是更好地保护债务人和受让人权益。

（一）对债务人的保护

我国债权转让制度采取通知主义模式，体现了对债务人利益的保护。具体言之，如果债权转让没有通知债务人，则该转让对债务人不发生效力，受让人请求债务人履行的，债务人有权拒绝；债务人直接向让与人履行债务的，其债务在履行范围内相应消灭。如果债权转让通知到达债务人，则债权转让对债务人发生效力，此时债务人即对受让人负有履行义务，并且有权拒绝让与人的履行请求。因此，债务人应当向谁履行债务，取决于债务人是否收到债权转让通知。实践中，受让人取得债权的时间与转让通知到达债务人的时间往往存在间隔，从保护债务人利益的角度考虑，《解释》第四十八条第一款规定，如果债务人在接到债权转让通知前已经向让与人履行的，人民法院不再支持受让人对债务人的履行请求。

在债务人收到转让通知后，由于债权转让合同是债权人和受让人之间签订的合同，债务人无法知道债权转让合同是否存在不成立、无效、可撤销等事由，如果允许该合同不成立、无效、可撤销等事由对债务人产生效力，则必然会使债务人处于无法预测的风险中，故有必要对债务

人基于债权转让通知产生的信赖利益予以专门保护。此即所谓的债权表见让与规则，其法理亦在保护债务人。《解释》第四十九条第一款中对表见让与问题作出专门规定。债务人接到债权转让通知后，让与人不得以债权转让协议不成立、无效、被撤销或者确定不发生效力为由请求债务人向其履行债务，除非该通知被依法撤销。因此，对于债务人而言，债权转让通知到达债务人的，其只需要向受让人履行，而不必担心债权转让协议是否存在不成立、无效、被撤销或者确定不发生效力等情形。

对债务人的保护还体现在债权多重转让规则中。《解释》第五十条第一款规定在多重转让中，债务人已经向最先通知的受让人履行的，可以发生债务消灭的效果。本款虽然在表述上限定于债务人已经履行的情形，但结合后文中债务人故意向非最先通知的受让人履行的，最先通知的受让人仍有权要求债务人履行的规定可推知，债务人只能也只需要向最先通知的受让人履行。因此，在债权多重转让中，债务人只需要考虑债权转让通知到达自己的时间，无须考虑数个受让人之间的关系。即使债务人收到数个债权转让通知，债务人也应当通过向最先到达的转让通知载明的受让人履行而使自己从债务中解脱出来。其基本法律依据在于，根据民法典第五百四十六条的规定，债权转让未通知债务人的，相应转让对债务人不发生效力，且债权转让通知未经受让人同意不得撤销。第一个转让通知到达债务人后，债务人就受到相应债权转让的约束，应当向通知载明的受让人履行。后面的转让通知如果与先到达的转让通知全部或者部分冲突，则意味着要撤销或者部分撤销在先到达的转让通知，但是在先通知未经相应受让人同意不得撤销，故后到达的通知在与先到达通知冲突的范围内，不可能发生撤销的法律效力。本款规定，如果债务人明知接受履行的受让人并非最先通知的受让人，则最先通知的受让人仍可请求债务人履行，理由是债务人过错甚为明显，其应承担因此产生的相应责任。但是，当债务人因过失而不知接受履行的受让人不是最先通知的受让人时，其履行仍然发生债务消灭的效果。这是因为多重转让并非因债务人引起，对受让人错误理解的风险不宜由债务人承担。

（二）对受让人权利的保护

对受让人权利的保护，主要体现在以下情形中。

1. 受让人有权直接以诉讼方式进行债权转让通知

关于债权转让通知的适格主体的探讨，一直存在争议，主要是如何平衡促进交易便捷开展和避免债务人承担过高的审核义务之间关系。《解释》第四十八条第二款结合审判实践并综合各方意见，最终规定受让人有权以诉讼方式通知。主要考虑是债权转让通知为观念通知，是向债务人告知债权转让的信息，使债权转让对其发生效力。而诉讼通知完全可以实现这一目的，而且即便是受让人提起诉讼，由于债权转让的事实是由人民法院审理查明的，该通知方式不会增加债务人的核查负担。此外，在让与人怠于履行通知义务时，如不赋予受让人通知的权利，也不利于受让人利益的保护。

2. 债务人确认债权真实存在后的责任

在债权转让中，受让人是知道债务人的存在的，也有条件作必要的尽职调查。因此，对于已经尽了必要注意义务的受让人，也应给予相应保护。实践中，受让人为确保交易安全，在受让债权之前往往会向债务人调查核实债权状况，故受让人基于债务人对债权真实存在的确认受让债权后，债务人又以债权不存在为由主张不承担债务的，不应得到支持。当债务人对该债权的真实性予以确认时，应认为其权利外观已经产生，对据此产生信赖的债权受让人应当予以保护。基于“禁反言”的价值考量，原则上债务人不得以债权不存在为由主张不承担债务。故《解释》第四十九条第二款对此问题作了明确。

3. 债权多重转让中受让人的优先顺位

考虑到债权让与缺乏公示性，多重转让又往往是在出让人不诚信的背景下发生，后受让人可以和出让人串通倒签债权转让协议的时间，使得实际上的在后受让人反而成为名义上的在先受让人。这就导致依照债权出让顺序难以真正保护在先受让人的利益，而采用通知优先的模式既能够激励受让人积极督促出让人发出通知，从而保障以债权出让先后顺序确定优先顺位的规则实质实现，也完全符合民法典第五百四十六条关于通知后才对债务人发生效力，且通知非经受让人同意不可撤销的规定。因此，《解释》第五十条第一款规定，如果债务人明知其履行的对象并非最先通知的受让人，则债务人的履行不发生债务消灭的效果，最先通知的受让人仍然有权请求债务人继续履行。

十、关于抵销有无溯及力

抵销是否溯及于抵销适状时生效，理论和实务界的认识不一致，导致了裁判尺度不统一。《解释》第五十五条、第五十八条对此问题作出安排，在充分吸收学界和实务界意见，跟踪域外规则发展趋势的基础上，明确抵销不具有溯及力。

（一）抵销不具有溯及力

抵销的溯及力，是指抵销权人作出的意思表示，溯及至债权最初得为抵销之时，即抵销适状之时，产生双方互负的债权债务在对等额度内消灭的法律效力。民法典第五百六十八条第二款只规定抵销应当采用通知的方式，但未直接明确抵销是否具有溯及力。对此，我国的理论和实践认识均不尽相同。一种观点认为，应区分抵销的生效与债权消灭两个概念，抵销自抵销通知到达对方时生效；但抵销消灭债权的效果溯及自抵销条件成就之时而非抵销通知到达之时。也有观点认为，《国际商事合同通则》《欧洲合同法原则》《欧洲示范民法典草案》等示范法坚持抵销自通知生效时发生使债务消灭的效力，此更有利于计算债权数额、查清案件事实。《解释》第五十五条采取了后一种观点，明确抵销没有溯及力，而是在通知到达时发生效力。主要是基于以下考虑：其一，承认抵销具有溯及力不符合当事人推定的意思。即使符合法律规定的抵销条件，当事人也可能不愿意抵销。尤其在商业交易上，如果当事人没有行使抵销权，就表明当事人排斥了抵销具有溯及力。故强行赋予抵销溯及力，并不符合私法自治原则。其二，抵销具有溯及力不利于督促当事人及时行使权利。债的设立目的在于消灭，债法制度应当促进债的目的实现，抵销制度也不例外。承认抵销具有溯及力，容易导致当事人怠于行使权利，使当事人之间的债权债务关系处于不确定状态下。其三，抵销具有溯及力会导致不公平受偿和影响司法效率。由于行使抵销权可以获得类似优先受偿的效果，当被动债权人进入破产程序时，罹于时效的债权人将取得比具有完整效力的债权人更为优越的地位。一些人甚至可能基于抵销的溯及力提出主张抵销，从而实现恶意逃避债务的目的。同时，要求法官从现在的权利状态倒推到之前的权利状态，不仅增加了审理难度，而且给法官带来了过大的自由裁量权。

（二）已过诉讼时效的债权的抵销

已过诉讼时效的债权能否抵销的问题，其本质是抵销有无溯及力问题的延伸。一种观点认为，由于抵销权行使的效力溯及既往于得为抵销之时发生，故在诉讼时效完成前已经抵销适状，只是当事人当时并未主张，而是在诉讼时效完成后才主张的，也应当允许抵销。但是由于《解释》第五十五条已经采取了抵销不具有溯及力的立场，故原则上，允许已过诉讼时效的债权作为主动债权抵销的基础已经不复存在。考虑到此前的司法实践中对于已过诉讼时效的债权能否抵销一直存在不同认识，为更好指导司法实践，《解释》第五十八条在第五十五条的基础上，进一步就已过诉讼时效的债权的抵销问题进行专门规定。该条规定了两种情形：一是已过诉讼时效的债权作为主动债权主张抵销时，相对人可以提出诉讼时效抗辩，此时人民法院应当支持抗辩，但是如果当事人不提出抗辩，则属于放弃时效利益，应当允许抵销。二是已过诉讼时效的债权作为被动债权抵销时，此时相当于自然债权的债务人放弃了时效利益，故应当允许抵销。

十一、关于可得利益损失的计算

如何计算可得利益损失，是司法实践中的难点问题。在《解释》起草过程中，我们对此问题进行了重点攻关。《解释》第六十条、第六十一条、第六十二条的规定共同组成了可得利益的计算方法体系。综合这三条的规定，从体系解释的角度看，可得利益损失的计算方式和顺位如下：首先，第六十条属于可得利益损失计算的一般规则。其次，第六十一条属于特别规定，专门针对持续性定期合同中可得利益的赔偿的计算。最后，第六十二条为兜底规定，只有在根据第六十条、第六十一条难以确定非违约方在合同履行后可以获得的利益的情况下才适用。

（一）可得利益损失的计算方法

1. 一般规则

（1）利润法。《解释》第六十条第一款明确可以将利润作为可得利益损失的计算依据。这一规定吸收了2009年《最高人民法院关于当前形势下审理民商事合同纠纷案件若干问题的指导意见》的相关精神。该意见第9条规定在总结实践经验的基础上提出，根据交易的性质、合同的目的等因素，可得利益损失主要分为生产利润损失、经营利润损失和转售利润损失等类型。

（2）替代交易法。替代交易是指在特定条件下，当事人一方违约时，对方可以通过另一交易取代原合同的交易。替代交易包括替代购买（亦称补进）和替代销售，其实质相当于履行或准履行。当然，并非所有的替代交易都能产生适当的结果，判断替代交易是否适格最重要的因素是替代交易的价格。对此，《解释》第六十条第二款规定了适用替代交易法的限制性条件，即只要违约方有证据证明替代交易价格明显偏离替代交易发生时当地的市场价格，就可以排除替代交易法的适用，以市场价格法取而代之。

（3）市场价格法。替代交易的救济方式具有一定的局限性，不能解决所有的问题，因此，市场价格法（时价法）成为一种重要的计算可得利益损失的方法。《解释》第六十条第三款规定人民法院可以根据非违约方的主张，按照违约行为发生后合理期间内合同履行地的市场价格与合同价格的差额确定合同履行后可以获得的利益。其中，“合理期间内”确定了计算市场价格与合同价格之差额的时间点。一方面，赋予非违约方寻求相关救济措施的合理时间；另一方面，又对这一时间作出必要的限制。就替代交易法和市场价格法的关系，考虑在非违约方从事替代交易的情况下，具体计算方法更能精确、直观地反映非违约方的损失，而市场价格法是以非违约方未从事替代交易为前提的，故应采取以替代交易法为原则、以市场价格法为补充的计算模式。

2. 长期性合同中可得利益损失的计算规则

对于长期性合同可得利益损失的计算，与《解释》第六十条第二款通过替代交易法确定可得利益损失的路径不同，第六十一条采取的是“确定非违约方寻找替代交易的合理期限”，并“按照该期限对应的价款、租金等扣除非违约方应当支付的相应履约成本后确定合同履行后可以获得的利益”的思路。其原因在于，长期性合同最为关键的数额计算标准即为合同持续期限。此时如若一概按照剩余履行期限来确定可得利益损失，对违约方的惩罚力度过重且有越出可预见性规则之嫌。从另一个角度来看，对于非违约方而言，采取该种规定实际上是减损规则的司法适用，即通过限制非违约方主张长期性合同中可得利益损失金额，进而督促非违约方积极寻找替代交易，减少违约损失的扩大。对于合理期限的确定，《解释》第六十一条结合审判实践，具体列举了合同主体、交易类型、市场价格变化、剩余履行期限等参考因素，并明确应当按照该期限对应的价款、租金等确定非违约方在合同履行后可以获得的利益。当然，在剩余履行期限少于寻找替代交易的合理期限时，应当依据剩余履行期限计算可得利益损失。

3. 兜底规则

实践中大量存在当事人的可得利益损失难以计算，而违约方可以利用违约行为获得巨额利益的情形。对此，《解释》第六十二条明确了用违约方所获利益作为计算非违约方可得利益损失的一个路径，同时考虑到经济社会生活的复杂性，并没有将违约方获得利益作为违约损害赔偿计算的基本规则，而是作为一个计算的参考因素，需要结合违约方的过错程度、违约情节等因素遵循公平原则和诚信原则来确定，旨在从统一裁判尺度和公平救济非违约方权益方面给予指引。

（二）可得利益损失的限制

在根据上述方法判决赔偿可得利益损失时，还要注意对于可得利益损失赔偿范围的限制，其中最重要的是可预见性规则。民法典第五百八十四条后段沿袭了合同法第一百一十三条规定，明确了可预见性规则。但由于该条规定较为原则，可预见性规则本身较为抽象，因此《解释》第六十三条第一款采用了动态系统论的方法，根据相关审判实践经验规定了几个重要参考因素，给予法官较为明确、具体的指引。即根据合同目的，并综合考虑合同主体、合同内容、交易类型、交易习惯、磋商过程等因素判断可预见损失。可得利益损失的计算除了受到可预见性规则的限制之外，还应当考虑损益相抵规则、与有过失规则、防止损失扩大规则等，确定违约方最终应当承担的违约损害赔偿数额。因此，对于可得利益而言，可得利益的法定损失赔偿数额等于可得利益损失总额减去不可预见的损失减去扩大的损失减去受害方因自己过错造成的损失减去受害方因违约获得的利益减去必要的成本。

十二、关于违约金的司法调整

违约金的司法调整也是司法实践中的重点问题，《解释》在延续《合同法解释二》等相关规定的基础上作了进一步发展完善。

（一）调整违约金的举证责任

举证责任分配与当事人利益攸关，直接涉及当事人的胜诉与败诉问题。实践中，举证证明违约金过分高于违约损失的关键在于举证证明违约损失。虽然主张违约金过高并请求调整的是违约方，但要求违约方证明非违约方的损失，在客观上也存在一定难度。在合同履行过程中，相对于违约方来说，非违约方因更了解违约造成损失的事实和相关证据而具有较强的举证能力，因此，违约方的举证责任也不能绝对化，非违约方也要提供相应的证据。故《解释》第六十四条第二款在过高违约金调整的举证责任分配上，明确了违约方承担举证责任的原则，同时规定非违约方主张约定的违约金合理的，也要提供相应的证据，实质上是要求非违约方就自己所受损失的提供证据。

（二）预先放弃调整违约金条款的效力问题

关于预先放弃调整违约金条款的效力问题，存在有效说和无效说两种观点。在比较法上，法国民法典、荷兰民法典以及美国统一商法典均采无效说。《解释》第六十四条第三款采无效说的基本立场。主要考虑是，违约金的调整是法律赋予民事主体的一项权利，其程序虽是由当事人的请求而启动，但其终归属于司法调整的范畴，不能由当事人通过约定排除，否则将不利于维护法律确定的秩序和保护民事主体请求司法调整违约金的法定权利。对于违反公平原则的预先放弃调整违约金条款，法院不应当承认其效力。如此规定一方面有利于防止民法典规定违约金调整制度的立法目的落空。我国民法上的违约金性质以补偿性为主、惩罚性为辅，当事人请求调整违约金符合法律规定，如果允许当事人通过约定预先放弃将违背立法本意。另一方面也有利于避免司法实践中大量出现“天价违约金”的情况。如果认可预先放弃违约金调整条款的效力，导致出现畸高违约金，不仅违背民法典的基本原则，也背离人民群众对公平正义的朴素认知，影响司法的严肃性和人民法院的公信力。

（三）过分高于造成损失的认定

实务中对于违约金过高的判断基础是以实际损失为准，还是应当包括可得利益损失，存在不同认识。《解释》第六十五条第一款吸收《九民会纪要》第 50 条精神和《贯彻实施民法典纪要》第 11 条精神，明确“以民法典第五百八十四条规定的损失为基础”，即包括了可得利益损失。并且相较于《合同法解释（二）》，还新增了合同主体、交易类型、履约背景等三个酌定因素，交由法官根据案件实际情况进行个案裁量。同时，为了符合违约金以补偿性为主、惩罚性为辅的立法本意，避免实践中形成误导，对企业造成过大负担，《解释》第六十五条第二款仍沿用《合同法解释（二）》“造成损失的百分之三十”的表述，对酌减幅度没有作出强制性的规定，给法官保留一定裁量空间。另外，考虑到恶意违约的当事人不值得免受过重惩罚的保护，《解释》第六十五条第三款明确恶意违约一般不支持酌减违约金。

最高人民法院

关于修改《最高人民法院关于知识产权法庭若干问题的规定》的决定

法释〔2023〕10号

（2023年10月16日最高人民法院审判委员会第1901次会议通过
2023年10月21日最高人民法院公告公布
自2023年11月1日起施行）

最高人民法院审判委员会第1901次会议决定，对《最高人民法院关于知识产权法庭若干问题的规定》作如下修改：

一、将第二条修改为："知识产权法庭审理下列上诉案件：

（一）专利、植物新品种、集成电路布图设计授权确权行政上诉案件；

（二）发明专利、植物新品种、集成电路布图设计权属、侵权民事和行政上诉案件；

（三）重大、复杂的实用新型专利、技术秘密、计算机软件权属、侵权民事和行政上诉案件；

（四）垄断民事和行政上诉案件。

知识产权法庭审理下列其他案件：

（一）前款规定类型的全国范围内重大、复杂的第一审民事和行政案件；

（二）对前款规定的第一审民事和行政案件已经发生法律效力的判决、裁定、调解书依法申请再审、抗诉、再审等适用审判监督程序的案件；

（三）前款规定的第一审民事和行政案件管辖权争议，行为保全裁定申请复议，罚款、拘留决定申请复议，报请延长审限等案件；

（四）最高人民法院认为应当由知识产权法庭审理的其他案件。”

二、将第三条修改为：“审理本规定第二条所称案件的下级人民法院应当按照规定及时向知识产权法庭移送纸质、电子卷宗。”

三、增加一条，作为第四条：“知识产权法庭可以要求当事人披露涉案知识产权相关权属、侵权、授权确权等关联案件情况。当事人拒不如实披露的，可以作为认定其是否遵循诚实信用原则和构成滥用权利等的考量因素。”

四、将第八条改为第七条：“知识产权法庭审理的案件的立案信息、合议庭组成人员、审判流程、裁判文书等依法公开。”

五、将第十一条改为第十条，将其中的“本规定第二条第一、二、三项所称第一审案件”改为“本规定第二条第一款规定类型的第一审民事和行政案件”。

六、删除第四条、第五条、第十二条、第十三条、第十四条。

七、其他条文序号作相应调整。

本决定自2023年11月1日起施行。

根据本决定，《最高人民法院关于知识产权法庭若干问题的规定》作相应修改后重新公布。

最高人民法院
关于知识产权法庭若干问题的规定

（2018 年 12 月 3 日最高人民法院审判委员会第 1756 次会议通过 根据 2023 年 10 月 16 日最高人民法院审判委员会第 1901 次会议通过的《最高人民法院关于修改〈最高人民法院关于知识产权法庭若干问题的规定〉的决定》修正）

为进一步统一知识产权案件裁判标准，依法平等保护各类市场主体合法权益，加大知识产权司法保护力度，优化科技创新法治环境，加快实施创新驱动发展战略，根据《中华人民共和国人民法院组织法》《中华人民共和国民事诉讼法》《中华人民共和国行政诉讼法》《全国人民代表大会常务委员会关于专利等知识产权案件诉讼程序若干问题的决定》等法律规定，结合审判工作实际，就最高人民法院知识产权法庭相关问题规定如下。

第一条 最高人民法院设立知识产权法庭，主要审理专利等专业技术性较强的知识产权上诉案件。

知识产权法庭是最高人民法院派出的常设审判机构，设在北京市。

知识产权法庭作出的判决、裁定、调解书和决定，是最高人民法院的判决、裁定、调解书和决定。

第二条 知识产权法庭审理下列上诉案件：

（一）专利、植物新品种、集成电路布图设计授权确权行政上诉案件；

（二）发明专利、植物新品种、集成电路布图设计权属、侵权民事和行政上诉案件；

（三）重大、复杂的实用新型专利、技术秘密、计算机软件权属、侵权民事和行政上诉案件；

（四）垄断民事和行政上诉案件。

知识产权法庭审理下列其他案件：

（一）前款规定类型的全国范围内重大、复杂的第一审民事和行政案件；

（二）对前款规定的第一审民事和行政案件已经发生法律效力的判决、裁定、调解书依法申请再审、抗诉、再审等适用审判监督程序的案件；

（三）前款规定的第一审民事和行政案件管辖权争议，行为保全裁定申请复议，罚款、拘留决定申请复议，报请延长审限等案件；

（四）最高人民法院认为应当由知识产权法庭审理的其他案件。

第三条 审理本规定第二条所称案件的下级人民法院应当按照规定及时向知识产权法庭移送纸质、电子卷宗。

第四条 知识产权法庭可以要求当事人披露涉案知识产权相关权属、侵权、授权确权等关联案件情况。当事人拒不如实披露的，可以作为认定其是否遵循诚实信用原则和构成滥用权利等的考量因素。

第五条 知识产权法庭可以根据案件情况到实地或者原审人民法院所在地巡回审理案件。

第六条 知识产权法庭采取保全等措施，依照执行程序相关规定办理。

第七条 知识产权法庭审理的案件的立案信息、合议庭组成人员、审判流程、裁判文书等依法公开。

第八条 知识产权法庭法官会议由庭长、副庭长和若干资深法官组成，讨论重大、疑难、复杂案件等。

第九条 知识产权法庭应当加强对有关案件审判工作的调研，及时总结裁判标准和审理规则，指导下级人民法院审判工作。

第十条 对知识产权法院、中级人民法院已经发生法律效力的本规定第二条第一款规定类型的第一审民事和行政案件判决、裁定、调解书，省级人民检察院向高级人民法院提出抗诉的，高级人民法院应当告知其由最高人民检察院依法向最高人民法院提出，并由知识产权法庭审理。

第十一条 本规定自 2019 年 1 月 1 日起施行。最高人民法院此前发布的司法解释与本规定不一致的，以本规定为准。

最高人民法院

关于贯彻执行修改后的《最高人民法院关于知识产权法庭若干问题的规定》的通知

2023 年 10 月 21 日　　法〔2023〕183 号

各省、自治区、直辖市高级人民法院，新疆维吾尔自治区高级人民法院生产建设兵团分院，各知识产权法院、具有技术类知识产权和垄断案件管辖权的中级人民法院：

为贯彻执行好 2023 年 10 月 16 日最高人民法院审判委员会第 1901 次会议通过的《最高人民法院关于修改〈最高人民法院关于知识产权法庭若干问题的规定〉的决定》，现就有关事项通知如下。

一、修改后的《最高人民法院关于知识产权法庭若干问题的规定》第二条第一款第三项规定的“重大、复杂的实用新型专利、技术秘密、计算机软件权属、侵权民事和行政上诉案件”是指不服高级人民法院一审的有关案件裁判提起上诉的案件。

二、2023 年 11 月 1 日以后作出裁判的、不属于修改后的《最高人民法院关于知识产权法庭若干问题的规定》第二条第一款规定类型的案件，以一审人民法院的上一级人民法院为上诉法院。一审人民法院应当在裁判文书尾部对此作出准确指引。

三、对于属于修改后的《最高人民法院关于知识产权法庭若干问题的规定》第二条第一款规定类型的案件，一审人民法院在 2023 年 11 月 1 日以后作出有关行为保全裁定的，应当在尾部写明“如不服本裁定，可以自收到裁定书之日起五日内向本院或者最高人民法院申请复议一次。复议期间不停止裁定的执行。”当事人通过原审法院向最高人民法院提出复议申请的，原审法院应当在五日内检齐有关案卷并移送至最高人民法院知识产权法庭。

四、各高级人民法院要认真做好有关实用新型专利、技术秘密、计算机软件权属、侵权民事和行政上诉案件以及涉及行政裁决等的外观设计专利行政上诉案件审理工作，为本院知识产权审判部门及时调配专业审判人才，同时加强对相关类型案件的对下审判业务指导监督，确保裁判标准统一，不断提升审判质效。

执行中遇到的问题，请及时报告最高人民法院。

特此通知。

指导案例、典型案例与解读

最高法发布人民法院妥善化解灾后矛盾纠纷典型案例

2023 年夏季，受台风“杜苏芮”影响，北京、天津和河北部分地区遭受了极端强降雨袭击。人民法院贯彻落实习近平总书记关于防汛抗洪救灾和灾后恢复重建工作的重要指示，认真履职尽责，发挥审判职能，为灾后恢复重建工作提供有力司法服务保障。2023 年 8 月底，最高人民法院发布了人民法院妥善化解涉汛矛盾纠纷典型案例。为进一步指导各级人民法院办好相关案件，最高人民法院又发布了一批人民法院妥善化解灾后矛盾纠纷典型案例。

本批 5 个典型案例的主要特点为：一是坚持靠前服务，践行“如我在诉”的司法理念。人民法院始终把以人民为中心融入法院工作全过程各方面，及时纾解民忧。本批多个案例中，人民法院坚持上门办案、现场调解，高效化解灾后矛盾纠纷，助力灾后恢复重建。二是注重发挥调解实质化解矛盾纠纷的重要作用。调解是多层次矛盾纠纷预防调处化解体系中的重要组成部分，做好调解工作有助于实质化解矛盾纠纷，有效防止矛盾纠纷转化为民事诉讼。在案例 2 和案例 3 中，人民法院有效依托法院调解室及时调处灾后矛盾纠纷，坚持把非诉讼纠纷解决机制挺在前面，高效修复灾后社会关系。三是司法助力企业恢复正常生产经营。受洪涝灾害影响，一些企业遭受不同程度损失，有的甚至出现经营困难问题，人民法院坚持将心比心，为企业复工复产提供司法服务。在案例4和案例5中，面对受洪涝灾害影响的企业，人民法院及时了解其司法需求，提供精准司法服务，有效助力复工复产，收到良好效果。

目　录

案例1

闫某与刘某财产损害赔偿纠纷案

【基本案情】

受此次极端降雨天气影响，邻居刘某家的院墙坍塌，砸坏了闫某家的菜园，双方就赔偿事宜未达成一致，且邻居刘某态度不好，闫某便到河北省涿州市人民法院求助。涿州法院与刘某取得联系后，刘某称房屋是其租住的，院墙坍塌非人为导致，修缮责任应该由房东承担。涿州法院工作人员认为纠纷系因极端降雨天气引发，案涉标的额不大，且双方系多年邻里关系，案件最好能在诉前得到化解，遂与双方当事人、房东约好上门调解时间。查看现场后，涿州法院工作人员从法理、情理的角度，耐心与当事人进行沟通，最终达成一致。因刘某明知房屋院墙年久失修，还将铁门等重物倚靠在墙上，对给闫某造成的损失应承担相应责任，刘某同意赔偿，并当场给付闫某赔偿款，双方握手言和。同时，房东表示天气好转将及时修缮院墙。此外，涿州法院工作人员还与村委会负责人对接，登记当事人的灾情受损情况，做好老百姓的安抚工作。

【典型意义】

加强基层诉源治理工作，将诉讼服务前移，第一时间掌握涉灾案件信息，开展诉前纠纷化解工作，主动回应人民群众司法需求，是践行新时代“枫桥经验”的具体体现。涿州此次受灾严重，灾后重建工作任务繁重，和谐的环境、安定的民心对做好灾后重建工作举足轻重。本案中，涿州法院坚持能动司法，主动前移服务窗口，通过上门服务、诉前化解，既有效减轻了当事人诉累，也通过真诚交流，真正做到“坚持把非诉讼纠纷解决机制挺在前面”，充分体现人民法院为人民司法的理念，为灾后重建工作提供有力司法保障。

案例 2

赵某诉某单位财产损害赔偿纠纷案

【基本案情】

受台风“杜苏芮”影响，2023 年 8 月 1 日，河北省涞水县突发强降雨，致使该县某单位围墙倒塌，造成包括赵某的车辆在内的三辆车辆受损。8 月 19 日，赵某向河北省涞水县人民法院提交诉状，请求被告某单位赔偿车辆损失 4 万元。涞水县人民法院受理此案后，立即依托法院“老马调解室”开展调解工作，“老马调解室”积极就车损定额、修理等事宜进行调解。某单位申请由专业鉴定机构对受损车辆进行维修费用评估，考虑到车辆损失鉴定费用高、周期长，对双方均不利，涞水县人民法院将此情况向双方充分释明，最后双方自愿选择以评估代替鉴定的定损方式，由涞水县某汽车销售服务有限公司对受损车辆维修费用进行评估定损。经过调解，双方及时达成调解协议，并由法院出具了司法确认书，实现案结事了。

【典型意义】

此次洪涝灾害对河北省涞水县造成严重影响，本案中人民法院妥善高效化解受灾群众的矛盾纠纷，共同做好灾后重建工作。本案双方当事人对车辆定损数额的分歧较大，鉴定是最规范的定损形式，但是如果案件进入鉴定程序，费用高，时间长，会相应增加司法成本，不利于及时化解矛盾纠纷。为切实回应人民群众特殊时期的司法需求，人民法院积极协调该县知名汽车销售服务公司，争取为受损车辆出具报价单作为定损依据，此种方式获得双方认可，且效率高，双方争议顺利解决。

案例 3

刘某与某物业公司财产损害纠纷案

【基本案情】

2023 年 8 月 17 日，北京市房山区人民法院长阳法庭 12368 诉讼服务热线接到求助电话，称本次强降雨导致刘某房屋漏水，某物业公司未及时修理、赔偿，刘某情绪激动，多次投诉，请求长阳法庭参与矛盾化解工作。长阳法庭立即派出该庭“星夜调解室”值班法官调解分队前往处置。经了解，刘某家位于顶层，本次强降雨导致其卫生间顶棚漏水、卫生间吊顶及电路过水。刘某向某物业公司报修并要求赔偿，某物业公司称由于本次降雨强度大、时间长，楼顶雨水无法及时排出，某物业公司不承担责任，故拒绝赔偿，双方矛盾激烈。调解分队会同该社区工作人员安抚好当事人情绪，并向双方释明法律规定，辨法析理，双方同意邀请该社区有装修经验的业主拆解卫生间铝扣板，查找漏水原因并估算损失金额。经过两个多小时的调解工作，双方最终达成一致意见，某物业公司同意为刘某修复漏水部位并当场向刘某支付 2000 元赔偿金，双方握手言和。

【典型意义】

本次洪涝灾害造成大量财产损失，严重影响人民群众的生活安宁，及时化解灾后矛盾纠纷对恢复生产生活秩序、保障人民群众安居乐业具有重要意义。本案中，人民法院主动延伸法院审判工作职能，协同参与基层社会治理，畅通 12368 “一号响应” 诉源治理工作平台渠道，能动发挥 “星夜调解室” 机制效能，及时响应基层单位的司法需求，通过府院联动、多元化解，将解纷关口前移至人民群众家里，将矛盾纠纷化解于诉前，以有温度的司法服务解决人民群众的急难愁盼问题，真正实现案结事了、政通人和的目标。

案例 4

某商贸公司诉某童鞋场、王某租赁合同纠纷案

【基本案情】

2023 年 7 月，原告某商贸公司以被告某童鞋场及王某拖欠租金为由，向河北省涿州市人民法院提起诉讼，请求解除合同并支付拖欠租金及滞纳金。案件审理过程中，受台风 “杜苏芮” 影响，某童鞋场存放于某商贸公司地下仓库的童鞋被水浸泡。考虑到某童鞋场经济承受能力与受灾情况，涿州法院办案法官多次与双方耐心沟通，从童鞋场的继续经营、某商贸公司的继续营业、灾后共渡难关等多角度分析本案利弊，并规划调解方案。经过法院调解，某商贸公司最终同意减免一个月租金，并且同意前两个月的款项延迟支付，双方达成调解协议，案件圆满解决。

【典型意义】

本案虽已达到了解除合同的程度，但因某童鞋场在此次汛情中受损严重，暂时无力偿还租金，直接判决解除合同不仅无法实现某商贸公司追求租金的目的，也会导致某童鞋场因无法继续经营而陷入更大的困局。考虑到灾情的实际情况，某商贸公司减免租金、某童鞋场延期支付、合同继续履行是本案最好的解决方式。某童鞋场继续在卖场出售童鞋，既不影响其正常经营，又为某商贸公司收取租金提供了保障。涿州法院聚力灾后重建，通过提供精准的司法服务、打造良好的司法环境，帮助受灾企业排忧解难，携手共渡难关，为经济社会高质量发展保驾护航。

案例 5

李某、洪某与献县某塑料编织袋厂定作合同纠纷案

【基本案情】

2023 年 7 月，河北省献县某塑料编织袋厂与李某、洪某等批发商签订了塑料编织袋定作合同，约定献县某塑料编织袋厂为李某、洪某等生产一批塑料编织袋，定作费用十万余元。献县某塑料编织袋厂坐落于献县洪泛区某村庄内，因洪灾停工停产，导致定作合同不能按期履行。批发商李某、洪某比较急切，表示订单延误给其造成一定经济损失，并声称将不再与该厂合作。献县某塑料编织袋厂负责人向河北省献县人民法院洪泛区“司法服务专班”工作人员反映，该厂雇佣的工人都是附近村民，为配合转移避险工作，工人全部转移安置，不能正常上班，导致停工停产，害怕对方起诉要求解除合同并赔偿损失，担心因此造成客户流失、影响生产经营。了解情况后，献县法院法官当即给两位批发商

致电沟通，说明洪泛区实际情况，讲解民法典有关规定，分析法律风险和诉讼成本，希望李某、洪某等人帮助工厂渡过难关。经过充分的法律解读和沟通解释，李某、洪某表示同意将订单交货日期延后，也愿意继续保持合作关系。经回访了解到，献县某塑料编织袋厂负责人表示工厂已经恢复生产，与李某、洪某等定作户未产生后续纠纷。

【典型意义】

本案中人民法院抽调员额法官和部分干警成立洪泛区“司法服务专班”，本着防范胜于补救的理念，深入开展对泛区企业的走访调研活动，排查矛盾纠纷隐患，做好法律宣传和政策宣讲，了解企业司法需求，提供“点对点”司法服务，助力企业恢复生产，优化泛区营商环境。人民法院坚持能动司法，把司法服务职能向前延伸，做实诉源治理工作，系统走访排查矛盾纠纷隐患，及时采取有效措施，努力从源头上予以化解，助力洪泛区优化营商环境。

新类型疑难案例选评

张某1诉陈某1等人法定继承纠纷案

周 嫣 古国妍*

【裁判要旨】

形成抚养教育关系的继父母与继子女之间属于法律上的拟制血亲，具有与自然血亲的父母子女相同的权利和义务。对继子女与继父母之间是否形成拟制血亲关系，应当从继子女当时的年龄、是否具有独立生活能力、双方是否共同生活、是否受到经济上的供养等方面来综合考量。在因历史原因缺失出生证明、身份档案的情况下，可以依据人事档案、户籍资料、墓碑刻字等证据予以认定。对具体的继承份额的认定可结合各继承人对被继承人的赡养情况酌情确定。

【基本案情】

原审原告陈某3于2016年向上海市黄浦区人民法院起诉原审被告陈某2、陈某5，要求法院依法判决三人均等继承被继承人陈某1、吴某1的遗产，即位于上海市黄浦区的房屋（以下简称案涉房屋）。后三人

* 作者单位：上海市黄浦区人民法院。

达成调解，由法院出具民事调解书，确认案涉房屋由三人各享有三分之一的产权份额。后申请人张某 2 以原审遗漏必要共同诉讼人为由向上海市黄浦区人民法院申请再审。张某 2 诉称，张某 1 与吴某 1 于 1930 年生育张某 2，张某 1 在其出生前病故。1937 年，生母吴某 1 与陈某 1 再婚，将张某 2 带到陈家抚养。后吴某 1 与陈某 1 共同生育了陈某 2、陈某 3（2018 年去世）、陈某 4（1970 年去世）、陈某 5 四人。被继承人吴某 1、陈某 1 先后于 1995 年、2007 年死亡，第一顺位继承人应当为张某 2、陈某 2、陈某 3（现继承人为李某 1、陈某 6）、陈某 5。案涉房屋登记在陈某 1 名下，系陈某 1、吴某 1 的夫妻共同财产，案涉房屋目前正在征收阶段。张某 2 前往动迁部门后才知晓房屋产权人已变为陈某 2、陈某 3 和陈某 5。张某 2 认为，其系原审的必要共同诉讼当事人，故提起再审，请求撤销原审民事调解书，并判令张某 2 享有案涉房屋产权的四分之一份额。被申请人辩称，张某 2 并非其父母陈某 1 与吴某 1 的女儿，也从未与其父母和被申请人共同生活过，两被申请人自小在家中就未见过张某 2，案涉房屋的户籍资料也从未有过张某 2 的登载记录。陈某 2 与张某 2 是在 1950 年左右经父亲生意上的朋友介绍认识的。父母比较喜爱张某 2，视张某 2 为干女儿，陈某 2 也与张某 2 姐妹相称，情同手足。张某 2 提供的证据无法证明其与吴某 1 是母女关系，也无法证明其与陈某 1 形成抚养关系。

【审理结果】

一审法院经审理后认为，因 1949 年之前的建档制度尚不完备，虽无张某 2 的出生证明、张某 1 与吴某 1 的人事档案，但申请人与被申请人、被继承人的相关户籍、人事档案材料和墓碑上所记载的内容能够形成证据链，相互印证张某 2 与吴某 1 为母女关系、与陈某 1 为继父女关系。同时，结合张某 2 当时的年龄、是否有独立生活能力、是否与陈某 1 共同生活、是否受到陈某 1 经济上的供养等方面因素，可以证明张某

2曾受到陈某1的抚养，双方之间形成有抚养教育关系的继父女关系。考虑到陈某2、陈某3、陈某5三人与陈某1共同生活的时间更长，依法可以酌情多分。故确认案涉房屋由张某2、陈某2、陈某3、陈某5共同继承，按份共有，其中，张某2享有五分之一的产权份额，陈某2、陈某3、陈某5各享有十五分之四的产权份额。

判决后，被申请人不服，提起上诉。二审法院经审理后判决驳回上诉，维持原判。

［评析］

身份档案缺失情形下继父母子女关系的认定

本案系一起因“手拉手”调解遗漏必要共同诉讼当事人而引发再审的法定继承纠纷。申请人为近百岁老人，1949年以前的相关档案材料缺失，而被申请人因新冠疫情无法回国参加诉讼，对申请人与其生母、继父的身份关系又全盘否认，对本案的事实查证造成了较大障碍。本案的主要争议焦点为张某1对案涉房屋是否享有继承权，包含张某1与吴某1是否系母女关系、是否系受陈某1抚养教育的继父女关系两个方面的问题。

一、在出生证明、身份档案缺失时如何认定身份关系

本案中，再审申请人张某2、被继承人陈某1、吴某1及案外人张某1均出生于1949年之前。因当时的档案制度尚不完备，导致张某2的出生证明、张某2与吴某1的人事档案均缺失。而被申请人对张某2与吴某1的母女关系、与陈某1的继父女关系又持全盘否认态度。故如何认定张某2与吴某1、陈某1之间的身份关系成为本案审理难点之一。一方面，从现有档案材料来看，吴某1、陈某1、张某2、沈某1（张某

2 丈夫)、陈某 2、陈某 5 等人的相关档案所记载的“母吴某 1”“妹陈某 2”“陈某 1，妻后父”“姐姐张某 2”“大姐张某 2”等内容可相互印证，反映出张某 2 与吴某 1 系母女关系、与陈某 1 系继父女关系。另一方面，从墓碑刻字来看，陈某 1 与吴某 1 的墓碑上刻有：“子陈某 3、陈某 4、陈某 5；女张某 2、陈某 2”，陈某 4 的墓碑上刻有：“胞兄陈某 3；胞弟陈某 5；姐张某 2、陈某 2”。立碑刻字是家族成员亲属关系的重要体现，一般非血亲或姻亲者不刻于墓碑之上，两被继承人陈某 1 与吴某 1、陈某 4 的墓碑上分别将张某 2 的名字与陈某 2 的名字并列刻为“女”“姐”，足以证明张某 2 在家中的身份与陈某 2 相同，均为陈某 1 与吴某 1 之女、陈某 4 之姐。故张某 2、陈某 2 等人的相关户籍、人事档案材料和墓碑上所记载的内容能够形成证据链，相互印证张某 2 与吴某 1 为母女关系、与陈某 1 为继父女关系。

二、如何认定形成有抚养教育关系的继父女关系

根据我国法律规定，继父母和受其抚养教育的继子女之间成立拟制血亲的，适用关于父母子女关系的规定。对于是否“受其抚养教育”的认定，可以从继子女当时的年龄、是否具有独立生活能力、是否受到经济上的供养、是否有明确的否认意愿、双方是否共同生活等方面来综合考量。首先，吴某 1 与陈某 1 再婚时，张某 2 年仅七岁且生父已故，在其尚不具有独立生活能力的情况下，随母亲吴某 1 一同到陈某 1 家生活符合情理。其次，根据证人证言，张某 2 年幼时在陈某 1 家生活，因弟弟妹妹出生，家里困难照顾不过来，读完小学后被接到奶奶家生活，又因中学求学户籍迁入其二叔家。张某 2 的档案材料亦记载其于 1946 年 7 月小学毕业，1947 年 1 月至 7 月就读初一时因搬家转学，户籍于 1948 年迁入其二叔家，迁入理由为中学求学。陈某 1 的干部简历表记载其在 1946 年 1 月至 9 月期间处于失业状态、做五金等生意，后开办棉花店。在当时陈某 1 无固定收入来源，陈某 2、陈某 3、陈某 4 尚年

幼仍需要抚养，吴某1又无工作的情况下，张某2被接回奶奶家生活符合情理，且与其学籍、户籍变动情况吻合，可以认定张某2在1937年至1947年期间存在与陈某1共同生活的经历。最后，根据陈某1的履历和相关户籍档案可知，当时吴某1为“家庭妇女”，陈某1家庭当时的主要经济来源为其本人，张某2在陈某1家生活期间，陈某1是其生活、求学等方面的主要经济来源。且从陈某2的自述、与张某2一家的书信往来，以及陈某2、陈某5自述父母将张某2视为己出等内容均可看出张某2与陈某1一家有着深厚的感情基础，长久以来相处融洽。故结合张某2当时的年龄、是否有独立生活能力、是否与陈某1共同生活、是否受到陈某1经济上的供养等方面因素，可以证明张某2曾受到陈某1的抚养，双方之间形成有抚养教育关系的继父女关系。

三、最终份额确定

司法实践中，当事人“手拉手”调解存在排除其他继承人参与诉讼的现象。此类行为一来浪费司法资源，损害司法权威，二来伤害亲人感情，容易激化家庭内部矛盾，应予以纠正。本案一方面明确张某2与陈某2、陈某3、陈某5同为第一顺序的法定继承人，享有同等的权利义务，另一方面在确认遗产份额时，基于对三被申请人与陈某1共同生活的时间更长这一事实的考量，对三人予以适当酌情多分，最终确认张某2享有五分之一的产权份额，陈某2、陈某3、陈某5各享有十五分之四的产权份额。

最新法律文件解读丛书

稿　　约

最新法律文件解读丛书是一套以为最新法律规范提供同步“解读”为主的系列丛书，分为刑事、民事、商事、行政与执行4个分册，按月出版。

本丛书以“解读”为重点，突出全、专、新、快、准等特点，通过对最新出台的法律、法规、司法解释、部门规章以及重要地方性法规进行同步动态解读，弥补了法律、法规、司法解释汇编类出版物没有同步阐释、解读内容的不足，为广大读者学习理解最新法律规范，正确贯彻执行法律文件，及时解决实践中的新情况、新问题，提供一个全方位、多层面的法律信息平台。

欢迎您向以下栏目赐稿：

【最新法律文件解读】主要是对最新颁行的法律文件进行解读，帮助司法和执法人员正确理解法律文件的立法背景、意义、重点内容、在适用中应注意的问题、与相关法律文件的衔接与互动关系等。

【司法实务问题研究】主要刊登对司法理论、实务及司法管理工作中的热点、疑难问题进行研究及评论的文章。

【新类型疑难案例选评】主要是对司法和行政执法实践中具有典型性和代表性的疑难案例，结合具体案情以及审理或处理结果进行简练精辟的点评，解析认识问题的方法、处理问题的法律依据和在个案中的具体适用。

【法学前沿与新视点】以摘要的形式刊登相关法学理论研究的最新动态及具有代表性和典型性的前沿问题，扩展法学研究的深度和广度。

【法律适用问题解答】主要针对司法和行政执法实践中面临的新问题、热点问题、疑难问题进行简要的解答，指出涉及的法律关系，明确法律适用依据。

稿件一经刊用即付稿酬，稿酬从优。

《刑事法律文件解读》　杨晓燕　邮箱：5184621@qq.com

《民事法律文件解读》　杨　洁　邮箱：1216921515@qq.com

《商事法律文件解读》　路建华　邮箱：shangshijiedu@126.com

《行政与执行法律文件解读》　赵杰琼　邮箱：1092123089@qq.com

人民法院出版社

最新法律文件解读丛书编辑部